ABITUR-WISSEN
RELIGION

Andreas Diße

Die Bibel

Gymnasium

STARK

ISBN 978-3-89449-527-5

© 2013 by Stark Verlagsgesellschaft mbH & Co. KG
www.stark-verlag.de
1. Auflage 2001

Inhalt

Autor: Dr. Andreas Diße

Vorwort

Liebe Schülerinnen und Schüler!

Die Bibel begegnet Ihnen in Ihrer Schulzeit immer wieder – vor allem im Religionsunterricht, aber auch im Fach Ethik oder im Literaturunterricht. Manche wehren daher ab: „Nicht schon wieder die Bibel!" Andere finden die Beschäftigung mit Texten, die seit 2000 Jahren bis heute die Menschen faszinieren, ausgesprochen spannend. Über weite Strecken ist die Bibel nämlich keineswegs ein besonders „frommes" Buch!

Im Religionsunterricht kommt der Bezug zur Bibel in **fast allen Themenbereichen** vor: Immerhin ist die Bibel die Grundurkunde des christlichen Glaubens. Häufig werden aber nur einzelne Texte oder kurze Zitate herausgegriffen, die in den jeweiligen Zusammenhang passen. Dabei geht jedoch der Gesamtzusammenhang verloren: Man stelle sich einmal vor, man würde Goethes „Faust" nur in ausgewählten Zitaten lesen …

Dieses Buch soll Ihnen helfen, einen **Überblick über Aufbau und Inhalt** der Bibel zu gewinnen. Gleichzeitig will es verschiedene **methodische Zugänge** zeigen, die Ihnen den persönlichen Bezug zur Bibel erleichtern können. Auch **kritische Fragen** – ist die Bibel durch unser heutiges Weltbild überholt? – bleiben nicht ausgespart.

Die biblischen Texte sind so ausgewählt, dass sie auch **für andere Unterrichtseinheiten** im Religionsunterricht der Oberstufe wichtig sind (z. B. zu Gottesglaube, Jesus Christus, Freiheit und Verantwortung). So kann der veränderte Kontext auch neue Perspektiven auf die Bibel eröffnen.

Die Bibel ist eine Bibliothek, aus der sich jeder seine Lieblingsbücher auswählen darf! Ich würde mich freuen, wenn das vorliegende Buch Ihnen einen Zugang zu dieser Bibliothek erleichtert und Sie anregt, die entsprechenden Stellen in der Bibel nachzulesen.

Andreas Diße

1 Ein Buch wie kein anderes

1.1 Die Bibel – ein unbekanntes Buch

Die Bibel ist das **am weitesten verbreitete Buch** der Welt: Sie ist vollständig in 380 Sprachen übersetzt worden; in Teilausgaben (z. B. nur das Neue Testament) sogar in über 2 250 Sprachen! Weltweit werden jährlich Millionen von Bibeln gedruckt. Trotzdem ist die Bibel ein in weiten Teilen unbekanntes Buch: Zwar hat jeder durchschnittlich gebildete Mitteleuropäer eine Bibel in seinem Bücherschrank stehen – aber kaum jemand hat dieses Buch einmal von vorn bis hinten gelesen. Wie kommt es, dass wir mit der Bibel so anders umgehen als mit anderen Büchern aus unserem Regal?

- Zunächst verhindert gerade die **scheinbare Bekanntheit der biblischen Texte** eine unvoreingenommene Lektüre: „Am Anfang schuf Gott Himmel und Erde" (Gen 1,1) – den Beginn der Schöpfungsgeschichte kennen wir seit der frühen Kindheit; da erwarten wir nicht viel Neues mehr. „Es begab sich aber zu der Zeit, dass ein Gebot von dem Kaiser Augustus ausging, dass alle Welt geschätzt würde" (Lk 2,1) – die Worte des Lukasevangeliums rufen allzu vertraute Assoziationen zur Feier des Weihnachtsfestes in unserem Kulturkreis hervor.

- Auch der **Inhalt der biblischen Botschaft** scheint uns vertraut: „Du sollst keine anderen Götter neben mir haben" (Dtn 5,7) – „Du sollst deinen Nächsten lieben wie dich selbst" (Mk 12,31): Lässt sich in diesen Maximen nicht der moralische Gehalt des Alten und Neuen Testaments zusammenfassen? Und hat nicht Jesus selbst andere moralische Prinzipien des Alten Testaments für nichtig erklärt, z. B. das bekannte „Auge um Auge, Zahn um Zahn" (Ex 21,24; vgl. Mt 5,38 f.)?

- Was an unbekannten Texten der Bibel übrig bleibt, scheint so **fremdartig,** dass es für die heutige Gegenwart irrelevant ist: Wie kann man beispielsweise eine Speisevorschrift noch ernst nehmen: „Du sollst ein Zicklein nicht in der Milch seiner Mutter kochen" (Dtn 14,21)? Oder was sollen die Unterscheidungen des Buches Levitikus bezüglich der Reinheit oder Unreinheit bestimmter Tierarten: „Alle Tiere, die gespaltene Klauen haben, Paarzeher sind und wiederkäuen, dürft ihr essen" (Lev 11,3) – „Alle Tiere mit gespaltenen Klauen, die aber nicht Paarzeher sind und nicht wiederkäuen, sollt ihr für unrein halten" (Lev 11,26)?

Die Bekanntheit der biblischen Texte auf der einen Seite, die Fremdheit auf der anderen Seite verhindern somit eine Begegnung mit der Bibel als Buch. Hinzu kommt ein weiterer Gesichtspunkt: Die biblischen Texte sind **sehr unterschiedlicher Art.** Wer im Buch Genesis zu lesen beginnt, kann die Bibel im günstigsten Fall bis zum Kapitel 20 des Buches Exodus als ein **zusammenhängendes Erzählwerk** von der Erschaffung der Welt bis zur Ankunft der Israeliten am Berg Sinai auffassen. Dann aber folgt ein langer Einschub von **Gesetzestexten und Kultvorschriften,** welche den Erzählzusammenhang unterbrechen; sie ziehen sich durch das Buch Levitikus bis ins Buch Numeri. Erst in Num 10 wird die Erzählung fortgesetzt, dann aber durch das Buch Deuteronomium wieder unterbrochen. Danach folgt eine Reihe von **Geschichtsbüchern** (Josua bis Makkabäer), welche die chronologische Abfolge der Ereignisse in Israel von der vorstaatlichen Zeit bis in die hellenistische Zeit wiedergeben.

Gänzlich anders geartet ist dann eine Sammlung poetischer Werke, die **Weisheitslehren** und **Gebetstexte** enthalten (z. B. die Bücher Ijob, Psalmen, Sprüche). Es folgen Bücher mit der Botschaft von namentlich genannten **Propheten** (z. B. Jesaja, Jeremia, Ezechiel, Amos, Maleachi), die zu aktuellen religiösen und sozialen Missständen in Israel Stellung beziehen, Jahwes Gericht über Israel verkünden, aber auch eine kommende Heilszeit verheißen.

Die vier **Evangelien** bilden wiederum eine völlig neuartige Form religiöser Schriften innerhalb der Bibel. Überraschenderweise wird die Botschaft Jesu zu Beginn des Neuen Testaments viermal weitgehend deckungsgleich verkündet. Es folgt die Apostelgeschichte als **geschichtliches Buch** über die Entstehung und Ausbreitung der frühen christlichen Gemeinden nach dem Tod Jesu. Dann schließt sich eine Reihe von **Briefen** (des Paulus und weiterer Autoren) an Gemeinden der frühchristlichen Zeit an. Den Abschluss der Bibel bildet das **apokalyptische Buch** der Offenbarung des Johannes, das in prophetischen Visionen die Wiederkunft Christi am Ende der Zeit schildert.

Diese Verschiedenheit der biblischen Textsorten ist ein weiterer Grund dafür, dass sich die Bibel gegenüber einer kontinuierlichen Lektüre sperrt: Ohne weiteres kann man sich an einzelnen Bibeltexten festlesen, aber weniger leicht liest sich die Bibel als zusammenhängendes Werk nach Art eines modernen Romans. Die folgende Darstellung will daher **methodische Hilfen** für den sinnvollen Umgang mit der Bibel geben und zugleich **exemplarische Texte** benennen, in denen Grundlinien der biblischen Botschaft deutlich werden.

1.2 Die Bibel – ein umstrittenes Buch

Die Bibel ist für die christlichen Kirchen **Ursprung und Richtschnur** ihres Glaubens. Martin Luther hat den einzigartigen Rang der biblischen Schriften mit dem Prinzip „Sola scriptura" – „allein die Schrift" für die reformatorischen Kirchen erneut ins Bewusstsein gerufen. Die katholische Kirche hat auf dem II. Vatikanischen Konzil in der „Dogmatischen Konstitution über die göttliche Offenbarung" die Heilige Schrift ebenfalls als „höchste Richtschnur ihres Glaubens" gewürdigt. Für die christlichen Kirchen gilt die Bibel als „inspiriertes" Wort Gottes – d. h. als Wort, das unter dem „Anhauch" (lat. *inspiratio*) des Heiligen Geistes niedergeschrieben wurde und letztlich Gott selbst zum Urheber hat.

Im Gegensatz zu dieser Hochschätzung der Bibel seitens der christlichen Kirchen steht die **Abwertung** durch moderne Religionskritiker: Sie weisen auf die Widersprüche innerhalb der Bibel selbst hin, auf die moralische Unzulänglichkeit bestimmter Bibelstellen oder den Missbrauch der Bibel durch die Inquisition. Stellvertretend für diese Bibelkritiker sei der Schriftsteller Arno Schmidt (1914–1979) zitiert, der in besonders pointierter Weise die Kritikwürdigkeit der Bibel herausgestellt hat:

1 Solange man als die reinste Quelle „Göttlicher Wahrheit", als heilige Norm der „Vollendetsten Moral", als Grundlage von Staatsreligionen ein Buch mit,
5 milde gerechnet, 50 000 Textvarianten (also pro Druckseite durchschnittlich 30 strittige Stellen!) proklamiert; dessen Inhalt widerspruchsvoll und oft dunkel ist; selten auf das außerpalästinensische
10 Leben bezogen […]: solange verdienen wir die Regierungen und Zustände, die wir haben! […]
Nur diese aus Hunderten von Beispielen, die man dem gesunden Men-
15 schenverstand und der heranwachsenden Jugend, ich weiß nicht, ob zur Bildung oder Verwirrung, in die Hände gibt:
Lot treibt in sinnloser Betrunkenheit
20 Blutschande mit den eigenen Töchtern: Das war der frömmste Mann seiner Stadt! […] Saul, der hohe, großmütige, königliche Mann, wird verworfen, weil er dem Propheten Samuel die Amale-
25 kiter nicht genug „würgt" […].
Ist das erschauernd „von Gott diktiert" oder 'ne simple briefliche Mitteilung, wenn Paulus schreibt: „Den Mantel, den ich in Troas bei Karpus gelassen,
30 bringe mir bitte mit, ebenso die Bücher"? […]
Muss ich noch erwähnen, dass man aus ein und derselben Bibel gleichwertige Argumente und Beispiele holen
35 kann: für und wider Krieg und Frieden; / für Einehe oder Polygamie; […] dazu die endlosen inneren Widersprüche […]: da kann doch wohl von einer „einfachen, selbstverständlichen, leicht
40 fasslichen Wahrheit" nicht die Rede sein!

Arno Schmidt: Atheist?: Allerdings!, S. 115–119.

Auf der anderen Seite begegnen wir einer unerwarteten **Hochschätzung** der Bibel seitens einiger marxistischer Autoren: So soll Bert Brecht einmal auf die Frage, welches Buch ihn zuletzt am meisten beeindruckt habe, geantwortet haben: „Sie werden lachen – die Bibel!"[1] Und der Philosoph Ernst Bloch, der eine ganze Philosophie der Hoffnung aus marxistischer Perspektive entworfen hat, rühmt darin die sozialkritischen Ideen der alttestamentlichen Propheten und der Botschaft Jesu:

1 Zu einem Kind, das im Stalle geboren, wird gebetet. Näher, niedriger, heimlicher kann kein Blick in die Höhe umgebrochen werden. Zugleich ist der
5 Stall wahr, eine so geringe Herkunft des Stifters wird nicht erfunden. Sage macht keine Elendsmalerei und sicher keine, die sich durch ein ganzes Leben fortsetzt. Der Stall, der Zimmermanns-
10 sohn, der Schwärmer unter kleinen Leuten, der Galgen am Ende, das ist aus geschichtlichem Stoff, nicht aus dem goldenen, den die Sage liebt. [...]
    Jesus ist selber bei den Hilflosen an-
15 wesend, als Element dieser Niedrigkeit, im Dunkel stehend, nicht im Glanz: „Was ihr getan habt einem unter diesen meinen geringsten Brüdern, das habt ihr mir getan" (Matth. 25,40). Die
20 christliche Liebe enthält diese Hinneigung zu dem vor der Welt Unscheinbaren als Begegnung mit ihm, als Betroffenheit dieser Begegnung, sie enthält das Pathos und das Geheimnis der
25 Kleinheit. Daher wird das Kind in der Krippe so wichtig, zusammen mit der Niedrigkeit aller Umstände im abseitigengen Stall.

Ernst Bloch: Das Prinzip Hoffnung, S. 1482, 1488 f.

Die Bibel bleibt also umstritten – sie ist ein Buch, das auch zweitausend Jahre nach seiner Entstehung immer noch zu denken *und* zu handeln gibt: „Dieses Buch kann man nicht lesen [...]. Man kann es nur tun. Es ist kein Buch. Es ist Lebensmacht. Und es ist unmöglich, auch nur eine Zeile zu begreifen, ohne den Entschluss sie zu vollziehen", schrieb einmal der Schriftsteller Reinhold Schneider.[2]

1.3 Die Bibel – eine Bibliothek

Das Wort „Bibel" ist abgeleitet von der Pluralform *biblía*, einer Verkleinerungsform des griechischen Wortes *bíblos* „Buch" bzw. „Buchrolle", und bedeutet nichts anderes als „die Bücher". Über die lateinische Form *biblia* wird das Wort im Mittelalter zum Eigennamen für die Sammlung der Bücher der Heiligen Schrift: *„das* Buch".

1 Vgl. H. J. Schultz (Hg.): Sie werden lachen – die Bibel, Stuttgart [2]1976.
2 Reinhold Schneider: Verhüllter Tag, Freiburg [3]1961, S. 108.

Die Bibel: eine Bibliothek mit 73 Büchern.

Aus der Herkunft des Wortes ist noch erkennbar, dass es sich bei der „Bibel" in Wirklichkeit um eine **Sammlung** von verschiedenen Büchern bzw. Buchrollen handelt: Nicht auf eine einzige Rolle allein ließen sich die Texte aufschreiben, die im liturgischen Gebrauch zunächst der jüdischen, dann der christlichen Gemeinden Verwendung fanden. Diesen Charakter als Büchersammlung, als „Bibliothek", hat die Bibel bis heute bewahrt.

Die Sammlung derjenigen Bücher, die von einer Glaubensgemeinschaft anerkannt werden und für ihr religiöses Leben maßgebend sind, wird auch als **„Kanon"** (von griech. *kanón*: Richtschnur) bezeichnet. Wie umfangreich ist nun diese Sammlung?

Auf diese Frage gibt es überraschenderweise keine einheitliche Antwort! Wer im Inhaltsverzeichnis der *„Einheitsübersetzung"* nachzählt – jener Neuübersetzung der Bibel, die seit 20 Jahren in der katholischen Kirche Verwendung findet –, wird auf **insgesamt 73 Bücher** kommen (46 Bücher des Alten Testaments; 27 Bücher des Neuen Testamtents). Die *Lutherbibel* ordnet diese Bücher teilweise anders an; in der Summe kommt man aber ebenfalls auf **73 Bücher.** Anders verhält es sich bei der *Zürcher Bibel*, die in der evangelisch-reformierten Kirche verwendet wird: Hier gibt es nur **66 Bücher.** Wer der Sache auf den Grund geht, wird feststellen, dass in der *Zürcher Bibel* genau jene Bücher fehlen, die in der *Lutherbibel* ans Ende des Alten Testament gestellt worden sind: die Bücher Tobit, Judit, 1 und 2 Makkabäer, Weisheit, Jesus Sirach und Baruch. Man nennt diese Bücher **„deuterokanonische Bücher"** (von griech. *deuteros kanón*: zweiter Kanon); sie sind erst in den letzten beiden Jahrhunderten vor Christi Geburt außerhalb Palästinas entstanden und ursprünglich auf Griechisch, nicht auf Hebräisch geschrieben.

Die „deuterokanonischen Bücher" werden in der evangelischen Kirche gelegentlich auch als **„Apokryphen"** (von griech. *apókryphos*: verborgen) bezeichnet. Die Bezeichnung kommt daher, dass solche Bücher – im Gegensatz zu den öffentlich im kirchlichen Gebrauch befindlichen Schriften – „geheim", „verborgen" waren. Diese Bezeichnung führt aber zu Missverständnissen: „Apokryphe" Bücher im eigentlichen Sinne sind solche, die überhaupt nicht in den Kanon aufgenommen oder wieder aus ihm ausgeschlossen wurden. Dazu zählen im Bereich des Alten Testaments z. B. Leben Adam und Evas, Testament der 12 Patriarchen, 3. und 4. Buch der Makkabäer, Psalmen Salomos und zahlreiche weitere. Im Bereich des Neuen Testaments gehören dazu: Petrusevangelium, Thomasevangelium, Geschichte des Petrus und Paulus, Brief Jesu (!), Brief des Pilatus, Apokalypse der Maria. Um eine Verwechslung mit diesen „apokryphen" Büchern zu vermeiden, ist es sinnvoll, für die griechischen Spätschriften des Alten Testaments die Bezeichnung deuterokanonische Bücher zu verwenden.

Eine bekannte Szene aus dem Alten Testament: Mose bringt dem Volk die Gesetzestafeln; Holzschnitt von Julius Schnorr von Carolsfeld, 1860.

1.4 Die Abteilungen der Bibliothek

Die Bibel ist ein Buch aus **zwei Teilen,** die wir im Allgemeinen als **Altes Testament** und **Neues Testament** bezeichnen (von lat. *testamentum,* hier in der Bedeutung von „Bund"). Diese Bezeichnung meint zunächst rein äußerlich:

- *Altes Testament:* die Sammlung der Schriften, die sich auf den „Alten Bund" Gottes durch die Weisungen am Sinai beziehen;

- *Neues Testament:* die Sammlung der Schriften, die sich auf den „Neuen Bund" Gottes durch seinen Sohn Jesus Christus beziehen.

„Alt" und „Neu" ist im christlichen Sprachgebrauch dann freilich auch polemisch gegen das Judentum gewendet worden, womit der Inhalt der alttestamentlichen Schriften als „verjährt" und „überholt" abqualifiziert wurde. Im Zusammenhang des christlich-jüdischen Dialogs wird daher heute vorgeschlagen, anstelle der missverständlichen Bezeichnung „Altes Testament" lieber den Begriff **„Erstes Testament"** zu verwenden.[3] Da dieser Begriff jedoch

---

3 So der katholische Alttestamentler Erich Zenger: Das Erste Testament. Die jüdische Bibel und die Christen, Düsseldorf 1991.

wenig eingebürgert ist und die Bezeichnung „Altes Testament" auch *positiv* im Sinne von „ursprünglich", „altehrwürdig" gedeutet werden kann, bleibt es hier bei der traditionellen Bezeichnung.

Damit rückt eine weitere Besonderheit der Bibel ins Blickfeld: Die Bibel ist – wenigstens in weiten Teilen – nicht nur das Buch *einer,* sondern *zweier* Glaubensgemeinschaften: der jüdischen und der christlichen. Auch im Judentum hat es einen Prozess der Kanonisierung gegeben, der um 100 n. Chr. abgeschlossen war und dazu geführt hat, dass nur die 39 hebräischen Bücher des Alten Testaments als jüdische Heilige Schrift gelesen werden, nicht aber die „deuterokanonischen" griechischen Bücher, die die christliche Gemeinde mit übernommen hat.

Im Judentum hat sich sehr früh eine **Dreiteilung der hebräischen Bibel** herausgebildet:

Tora	„Weisung": die 5 Bücher Mose;
N^ebi' im	„Propheten": die Geschichtsbücher („frühere Propheten": Josua, Richter, Samuel, Könige) und die Einzelpropheten („spätere Propheten");
Ch^etubim	„Schriften": die Psalmen und Weisheitsbücher, die „Festrollen" und späten Geschichtsbücher.

Diese Reihenfolge entspricht grob der Chronologie der Entstehung der verschiedenartigen Bücher und ihrem Rang in der jüdischen Gemeinde. Aus den Anfangsbuchstaben der drei hebräischen Wörter für die drei Abteilungen der hebräischen Bibel ist im Judentum das Kunstwort **Tenach** als Bezeichnung für die Heilige Schrift gebildet worden.

In den christlichen Bibelausgaben werden die Bücher neu geordnet und eingeteilt, und zwar für das **Alte Testament** nach dem Schema Vergangenheit – Gegenwart – Zukunft:

Geschichtsbücher	die 5 Bücher Mose und die Bücher der Geschichte Israels;
Lehrbücher (poetische Bücher)	die Psalmen und die Weisheitsbücher;
Prophetische Bücher	die Einzelpropheten.

Durch die unterschiedliche Anordnung der Bücher ist bedingt, dass die hebräische Bibel und das christliche Alte Testament zwar gleich beginnen (Gen 1,1: „Am Anfang schuf Gott Himmel und Erde"), jedoch programmatisch unterschiedlich enden: Die jüdische Bibel mit der Heimkehr der Israeliten aus dem Babylonischen Exil in 2 Chr 36,22 f.; das Alte Testament mit der Ankündigung des wiederkommenden Propheten Elija in Mal 3,23 f.

In der christlichen Bibel schließt sich das **Neue Testament** mit einem entsprechenden Ordnungsmodell wie das Alte Testament an:

Geschichtsbücher	die 4 Evangelien (als Bücher der Geschichte Jesu) und die Apostelgeschichte;
Briefe	des Paulus und anderer Autoren; Weisungen für das christliche Gemeindeleben in der Gegenwart;
Prophetisches Buch	die Apokalypse als Ausblick auf die Vollendung der Welt.

Die „Abteilungen" der Bibel sind eine Hilfe, sich in der Vielzahl der Einzelbände der Bibliothek zurechtzufinden. Zugleich enthält die Anordnung schon die geschichtstheologische Konzeption des Ursprungs der Welt von Gott und der Rückkehr zu ihm, die für das heilsgeschichtliche Verständnis des Christentums bestimmend wird.

Eine bekannte Szene aus dem Neuen Testament: Die Geburt Jesu; Holzschnitt von Julius Schnorr von Carolsfeld, 1860.

1.5 Die Bibel – ein geschichtliches Buch

Die Bibel ist ein Buch der **Geschichten** und der **Geschichte.**

- Die Rede über Gott geschieht im Judentum und Christentum weithin in **narrativer** (erzählender) Form. Darin unterscheidet sich die Bibel auch von den heiligen Schriften anderer Religionen. Die Erinnerung an das Heilshandeln Gottes wird in Form von **Erzählungen** aufbewahrt: über die Erschaffung der Welt; über die Erwählung Abrahams; über das Schicksal Josefs; über die Errettung der Israeliten aus Ägypten; über den Bundesschluss am Sinai; über die Landnahme; über die Taten der Richter und Könige; über das Auftreten der Propheten; über die Geburt Jesu; über die Verkündigung und die Wundertaten Jesu; über Jesu Leiden und Tod; über die Ostererfahrungen der frühen Gemeinde; über die Reisen des Apostels Paulus. Selbstverständlich gibt es neben solchen erzählenden Texten auch noch andersartige Verkündigungsformen in der Bibel: Man denke nur an die hochpoetischen Psalmen oder an die rhetorisch durchgeformten Gerichtsworte der Propheten. Aber die narrative Form bestimmt doch insgesamt unser Bild von der Redeweise der Bibel.

- Die Bibel ist ein **historisches** Buch. Sie ist es, weil sie vor fast 2000 Jahren niedergeschrieben wurde. Sie ist es aber auch, weil sie selbst größtes Interesse an der Darstellung historischer Ereignisse hat. Nicht zufällig heißen zwei Bücher des Alten Testaments *Bücher der Chronik.* Und die Darstellung der Geschichte jedes einzelnen Königs in den Büchern der Könige endet nach dem gleichen Schema wie die von König Salomo:

1 Kön 11,41 Die übrige Geschichte Salomos, alle seine Taten und die Beweise seiner Weisheit, sind aufgezeichnet in der Chronik Salomos.

42 Die Zeit, in der Salomo in Jerusalem über ganz Israel König war, betrug vierzig Jahre.

43 Er entschlief zu seinen Vätern und wurde in der Stadt seines Vaters David begraben. Sein Sohn Rehabeam wurde König an seiner Stelle.

Auch der Evangelist Lukas legt in seiner Darstellung größten Wert auf eine historische Einordnung des Wirkens Jesu in die Weltgeschichte seiner Zeit:

Lk 3,1 Es war im fünfzehnten Jahr der Regierung des Kaisers Tiberius; Pontius Pilatus war Statthalter von Judäa, Herodes Tetrarch von Galiläa, sein Bruder Philippus Tetrarch von Ituräa und Trachonitis, Lysanias Tetrarch von Abilene;

2 Hohepriester waren Hannas und Kajaphas. Da erging in der Wüste das Wort Gottes an Johannes, den Sohn des Zacharias.

Allerdings hat dieses Interesse der Bibel an geschichtlichen Ereignissen auch zu dem verhängnisvollen Trugschluss geführt, *sämtliche* erzählte Begebenheiten – von der Erschaffung der Welt bis zu den Ereignissen der Apokalypse – seien unterschiedslos **historisch wahr**. Dagegen sprechen im Bereich der historischen Bücher allein schon Parallelüberlieferungen, die das gleiche Ereignis teilweise **gegensätzlich** darstellen (vgl. z. B. das Ende des Königs Joschija nach 2 Kön 23,29 f. und nach 2 Chr 35,20–25). Außerdem spricht dagegen die **unterschiedliche Gattung** biblischer Texte: Eine Wundererzählung ist etwas anderes als eine Annalenliste; eine ätiologische[4] Sage ist keine Chronik! Es muss daher immer die Gattung und Aussageabsicht der biblischen Texte mit berücksichtigt werden, um die Historizität der dargestellten Ereignisse richtig bewerten zu können.

Exkurs: Hat die Bibel doch Recht?

Vor einigen Jahrzehnten machte ein Bestseller des Hamburger Publizisten Werner Keller Furore: „Und die Bibel hat doch recht".[5] Keller war beeindruckt von der Vielzahl archäologischer Ergebnisse, die ihm die **historische Wahrheit des Alten Testaments** zu beweisen schienen. Seine Überschriften „Die Sintflut wird ausgegraben"; „Abraham lebte im Reich von Mari"; „Josef in Ägypten" machen die Tendenz deutlich, auch mythologische und legendenhafte Begebenheiten als historische Fakten darzustellen. Naturwissenschaftliche Erklärungen werden vor allem für wunderhafte Ereignisse gesucht: Der Durchzug der Israeliten durch das Schilfmeer sei durch starke Nordwestwinde ermöglicht worden, die gelegentlich an der Nordspitze des Golfs von Suez aufkommen. Das Manna in der Wüste sei nichts anderes gewesen als ein Sekret, das Tamariskenbäume und -sträucher aussondern. Und Moses Schlagen gegen den Felsen, sodass Wasser heraussprang, sei eine Technik, die tatsächlich an den Kalksteinfelsen des Sinai beobachtet werden konnte.

Doch gerade der Versuch, biblische Wunder naturwissenschaftlich zu erklären, geht an der Absicht der Texte vorbei: Die Meerwundererzählung Ex 13–14 *will* ja gerade das wunderbare Handeln Jahwes an Israel zeigen, teilweise sogar stilisiert als Zweikampf zwischen Jahwe und dem Pharao! Die vielleicht weni-

---

4 Ätiologisch (von griech. *aitia:* Ursache) nennt man eine Sage, die eine Gegebenheit oder einen Namen erklärt will. So erklärt z. B. Gen 11 den Namen der Stadt „Babel" durch eine Erzählung zu dem ähnlich klingenden Wort *balal:* verwirren.
5 Dieses Buch ist 1989 wieder erschienen in einer reich illustrierten Neuausgabe, wissenschaftlich betreut von den Alttestamentlern Otto Kaiser und Friedrich Diedrich.

ger spektakuläre naturwissenschaftliche Erklärung spielt für den Text überhaupt keine Rolle. Richtig an Kellers Buch bleibt jedoch das Bemühen, gegen eine extreme „Entmythologisierung" auf die **historische Verankerung** der biblischen Geschehnisse zu bestehen. Hier hat die archäologische Forschung tatsächlich eine Vielzahl faszinierender Übereinstimmungen zwischen der biblischen Kultur und der altorientalischen Umwelt zutage gefördert.

1.6 Die Bibel – ein vielschichtiges Buch

In doppelter Hinsicht ist die Bibel **viel-schichtig:** Zum einen ist ihr **Bedeutungsgehalt** nahezu unauslotbar. Darum haben vielfältige methodische Zugänge ihre Berechtigung. Zum anderen kann man sich die Entstehung der Bibel selbst als allmähliches **Wachstum in konzentrischen Schichten** vorstellen: Im Kern stehen eine denkwürdige Begebenheit, ein Prophetenspruch, ein Gebet, ein Gleichnis, die zunächst **mündlich überliefert** und weiter ausgeschmückt wurden. Diese Grundschicht eines Textes wurde irgendwann **verschriftet** und dann von Sammlern und Redaktoren mit anderen gleichartigen Texten verbunden (z. B. Taten Davids; Worte des Propheten Jesaja; verschiedene Klagepsalmen; Gleichnisse Jesu). Solche **Sammlungen** bildeten den Grundstock einzelner biblischer **Bücher** bzw. übergreifender Geschichtswerke, wie wir sie im Alten Testament finden. Durch den Gebrauch im Gottesdienst der jüdischen bzw. christlichen Gemeinden wurden diese Bücher anerkannt und schließlich in einem formalen Akt **kanonisiert.**

Die lange und komplexe Entstehungsgeschichte der Bibel ist ein Grund für die Vielschichtigkeit der in ihr enthaltenen Texte: Verschiedene Generationen haben ihre Erfahrungen mit Jahwe oder Jesus immer wieder neu mit der Überlieferung in Verbindung gebracht und die alten Erinnerungen überarbeitet oder ergänzt. Dadurch kommt es zu teilweise **widersprüchlichen** Angaben in den Texten, die von den Autoren der Bibel aber offensichtlich gar nicht als störend empfunden wurden. Dass wir auch heute noch zu solchen harmonisierenden Interpretationen neigen, zeigt die Kindheitsgeschichte Jesu: Hinter der Erzählung des Lukas von der Geburt Jesu in einer Futterkrippe sowie der Verkündigung an die Hirten steht eine völlig andere theologische Vorstellung als hinter der des Matthäus von der Huldigung der Sterndeuter aus dem Osten. An unseren Weihnachtskrippen finden beide Vorstellungen in friedlicher Eintracht zusammen.

Ein Grundanliegen der modernen Bibelwissenschaft ist es, vom Endtext wieder bis zu seinem ursprünglichen Bestand vorzudringen. Dies geschieht jedoch nicht aus reiner literarischer Neugier, sondern vor allem, um Widersprüche theologisch aufzuhellen und den **gemeinten Sinn** der Texte besser zu verstehen.

Zusammenfassung: Ein Buch wie kein anderes

Die Bibel ist die **Grundurkunde** der christlichen Glaubensgemeinschaft.

Die Unterteilung in **Altes Testament** und **Neues Testament** resultiert aus der gemeinsamen Offenbarungsgeschichte von Judentum und Christentum.

Durch den Prozess der **Kanonisierung** wurden diejenigen Bücher festgelegt, die von den Glaubensgemeinschaften als verbindlich angesehen wurden.

Das Alte Testament enthält insgesamt **46 Bücher,** das Neue Testament **27 Bücher.**

Die Bibel ist ein **geschichtliches Buch:** Sie bewahrt die Erinnerung an historische Ereignisse aus der Zeit vor bis zu 3000 Jahren.

Die Texte der Bibel haben eine lange **Entstehungsgeschichte;** sie gehen zurück auf mündliche Überlieferungen und sind oft mehrfach überarbeitet worden. Die moderne Bibelwissenschaft versucht, den **ursprünglichen Sinn** eines Bibeltextes zu ermitteln.

2 Methodische Zugänge zur Bibel

2.1 Die Praxis der Glaubensgemeinschaften

Die Bekanntschaft mit der Bibel machen wir im europäischen Kulturkreis in der Regel nicht erst durch Bildungsinstitutionen wie die Schule oder kirchliche Bildungswerke. Meistens haben wir zentrale Erzählungen der Bibel durch die **Eltern oder andere Bezugspersonen** in unserer Kindheit vermittelt bekommen. Diese Menschen sind aber wiederum eingebunden in soziale Zusammenhänge, die mit den christlichen Glaubensgemeinschaften in loser oder engerer Verbindung stehen. Insofern fungiert die christliche Gemeinde – nach einem Begriff des katholischen Theologen Johann Baptist Metz – als **„Erinnerungs- und Erzählgemeinschaft"**, welche die „befreiende Erinnerung" an Leben, Sterben und Auferstehung Jesu in den biblischen Geschichten aufbewahrt.[6]

Für die christlichen Glaubensgemeinschaften ist die Botschaft der Bibel inspiriertes **Wort Gottes**. Freilich darf diese Bezeichnung nicht missverstanden werden. Die christliche (wie auch die jüdische) Tradition hat immer **menschliche Autoren** als Verfasser der biblischen Schriften angesehen: Mose, David, die Propheten; die Evangelisten, Paulus und die anderen neutestamentlichen Briefautoren.[7] Damit unterscheidet sich das jüdisch-christliche Offenbarungsverständnis von dem anderer Glaubensgemeinschaften. So betrachten gläubige Muslime den **Koran** als wörtliche Abschrift des himmlischen Urbuches, das Mohammed durch den Engel Gabriel gezeigt bekam; die Mormonen erzählen von der direkten Übergabe des **Buches Mormon** durch den Engel Moroni an den Gründer ihrer Sekte. Im Unterschied zu solchen Vorstellungen ist es bei der Niederschrift der Bibel höchst menschlich zugegangen: Zu verschiedenen Zeiten haben Autoren ihre Erfahrungen mit Jahwe und Jesus niedergeschrieben und sie so für ihre Mitmenschen aufbewahrt.

Das Bewusstsein für die eigene Schriftstellertätigkeit tritt bei verschiedenen biblischen Autoren offen zutage. So schreibt ein Herausgeber des alttestamentlichen Buches Kohelet: „Kohelet hat sich bemüht, gut formulierte Worte zu entdecken, und hier sind diese wahren Worte sorgfältig aufgeschrieben" (Koh 12,10). Und der Evangelist Lukas leitet sein Evangelium ein: „Schon

---

6 Vgl. Johann Baptist Metz: Glaube in Geschichte und Gesellschaft, Mainz 1977.
7 Eine Ausnahme bildet allein die Übermittlung der Zehn Gebote, die der alttestamentlichen Überlieferung zufolge von Gott selber auf steinerne Tafeln geschrieben wurden (vgl. Ex 31,18; Dtn 10,4).

viele haben es unternommen, einen Bericht über all das abzufassen, was sich unter uns ereignet und erfüllt hat. [...] Nun habe auch ich mich entschlossen, allem von Grund auf sorgfältig nachzugehen, um es für dich, hochverehrter Theophilus, der Reihe nach aufzuschreiben" (Lk 1,1–3).

„Wort Gottes" ist die Bibel für die Christen dennoch in dem Sinne, dass sie von Gottes Geist **„inspiriert"** ist: Die Autorität und Wirkmächtigkeit der biblischen Texte lässt sich nicht auf menschliche Schriftstellergabe allein zurückführen. Die christlichen Glaubensgemeinschaften greifen daher auch selbstverständlich auf die überlieferten Texte zurück; sie lesen sie in ihren **Gottesdiensten,** entnehmen ihnen eine Vielzahl von **Gebeten** und machen sie zur Grundlage der **Lebensgestaltung** ihrer Mitglieder. So heißt es schon in einer religionspädagogischen Unterweisung im Alten Testament: „Der Herr hat uns verpflichtet, alle diese Gesetze zu halten und den Herrn, unseren Gott, zu fürchten, damit es uns das ganze Leben lang gut geht und er uns Leben schenkt, wie wir es heute haben" (Dtn 6,24). Und Paulus formuliert in seiner Einleitung zum Brief an die Römer: „Ich schäme mich des Evangeliums nicht: Es ist eine Kraft Gottes, die jeden rettet, der glaubt, zuerst den Juden, aber ebenso den Griechen" (Röm 1,16). Diese lebensfördernde Kraft bewegt Christen nach wie vor, die **Frohe Botschaft** der Bibel zu verkünden.

2.2 Verstehensschwierigkeiten und Bibelhermeneutik

Problematisch werden die biblischen Texte erst für denjenigen, der sie aus einer **kritischen Distanz** heraus nicht mehr unhinterfragt als gültige Lebenswahrheit betrachtet:

- weil er Widersprüche in der Bibel entdeckt;
- weil er biblisches und modernes Weltbild nicht in Einklang bringen kann;
- weil er in kritischen Lebenssituationen die Weisungen der Bibel als wenig hilfreich erfährt;
- weil er den christlichen Glauben als Verstehensvoraussetzung für die biblischen Texte ablehnt.

Die wissenschaftliche Disziplin, die sich mit dem **Verstehen von Texten** beschäftigt, heißt **Hermeneutik** (von griech. *hermeneúein:* aussagen, auslegen, erklären). Sie richtet sich in der Neuzeit gerade auf das Verstehen der biblischen Texte, das für den Menschen seit der Zeit der Aufklärung im 18. Jahrhundert zunehmend problematisch wird: Auf der einen Seite steht das reformatorische Prinzip des „Sola scriptura" („allein die Schrift") und die dogmatische Lehre von der „Irrtumslosigkeit der Schrift"; auf der anderen Seite lassen historische und naturwissenschaftliche Erkenntnisse immer mehr Einzelaussagen der Bibel fraglich erscheinen. Die Hermeneutik versucht, diesen Widerspruch aufzuheben, indem sie die **Voraussetzungen** für das Verstehen aufdeckt: Der Verstehende hat immer schon ein **Vorverständnis** von dem, was

Gegenstand des Verstehens ist; auch das Verstehen der biblischen Texte ist diesem **„hermeneutischen Zirkel"** unterworfen.[8]

Der Bibelleser liest die Texte vor dem Verstehenshorizont seiner eigenen Zeit und sieht sich daher möglicherweise mit ganz neuen Problemen konfrontiert, die zur Zeit der Niederschrift der Bibel noch gar nicht im Blick waren. Ziel der Bibelhermeneutik ist es daher, die Sprache der Bibel in die jeweilige Sprache der Gegenwart zu übersetzen, wobei der ursprüngliche Sinn der Texte maßgebend bleibt. Bibelhermeneutik ist daher kein Allheilmittel, um sämtliche Verstehensschwierigkeiten aus dem Weg zu räumen; sie kann jedoch Voraussetzungen des Verstehens **bewusst machen** und legitime Zugangsweisen aufzeigen. Freilich ist es dabei sehr viel leichter, theoretische Einwände gegen vermeintliche Widersprüche in der Bibel auszuräumen als existenzielle Zweifel am Wahrheitsgehalt der biblischen Botschaft zu beheben: So lassen sich die widersprüchlichen Schöpfungsdarstellungen der Bibel aus unterschiedlichen literarischen Traditionen erklären; die Frage, ob ich mich in meinem persönlichen Leben von einem gütigen Gott getragen fühle, ist damit aber noch nicht beantwortet.

2.3 Historisch-kritische Exegese

Die Methoden der Bibelauslegung **(Exegese),** wie sie im Rahmen der wissenschaftlichen Theologie an den Universitäten betrieben wird, werden unter dem Begriff „Historisch-kritische Exegese" zusammengefasst. Dieser Begriff ist zur Zeit der **Aufklärung** im 18. Jahrhundert aufgekommen und beinhaltet ein doppeltes Anliegen:

8 Grundlegend für die neuere philosophische Hermeneutik ist das Buch von Hans-Georg Gadamer: Wahrheit und Methode (zuerst 1960; 5., durchges. u. erw. Aufl. Tübingen 1986). Eine knappe Einführung bietet das Abitur-Wissen Religion: Glaube und Naturwissenschaft von Dittmar Werner, Stark Verlag: Freising 1999, S. 90–96.

- **Historisch** ist die Zugangsweise, weil die biblischen Texte nach Art anderer historischer **Quellen** als schriftliche Zeugnisse von Menschen einer bestimmten Zeit aufgefasst werden und vor dem Hintergrund ihrer Entstehungszeit interpretiert werden.
- **Kritisch** ist die Exegese im Sinne der „Unterscheidung" (griech. *krisis*) des Echten vom Unechten bzw. des Ursprünglichen vom Späteren mittels der Fähigkeiten der kritischen **Vernunft** des Menschen.

Der Name „Historisch-kritische Exegese" bedeutet also nicht, dass die religiöse Wahrheit der Bibel „kritisiert" werden soll (anders ist das z. B. beim Begriff „Religionskritik", der meist eine ablehnende Haltung gegenüber Religion beinhaltet). Vielmehr soll die Kritikfähigkeit des Menschen in den Dienst der Textdeutung gestellt werden. Allerdings beinhaltet die historisch-kritische Zugangsweise auch, dass allein die **historische Wahrheit** als Maßstab für das angemessene Verstehen gilt. Das bedeutet:

- Im Laufe der Überlieferung der biblischen Texte bildeten sich Traditionen über ihre **Entstehung und Verfasserschaft** heraus, die der historischen Wirklichkeit kaum gerecht werden. So sind die „Fünf Bücher Mose" sicher nicht vom historischen Mose selbst niedergeschrieben; die Briefe des Neuen Testaments (z. B. die beiden Petrusbriefe) bedienen sich des Namens angesehener Mitglieder der Urgemeinde, von denen sie aber nicht selbst verfasst sind (mit Ausnahme einiger „echter" Briefe des Paulus). Für die historisch-kritische Exegese sind nicht die altehrwürdigen Traditionen maßgeblich, sondern sie fragt, wie die Texte tatsächlich entstanden sind.
- Die mittelalterliche Theologie kannte die Lehre vom „mehrfachen Schriftsinn". Danach hat ein Bibeltext nicht nur seine wörtliche (literarische) Bedeutung, sondern noch verschiedene **allegorische** Bedeutungen: Über das wörtlich Gesagte hinaus will er noch „etwas anderes sagen" (griech. *allo agoreúein*). So steht z. B. die Braut des alttestamentlichen Hohen Liedes im übertragenen Sinne für das Volk Israel und dann für die christliche Kirche. Demgegenüber gilt der historisch-kritischen Exegese nur das Verständnis gemäß dem **wörtlichen Sinn** als sachgemäß.
- Die Glaubensgemeinschaften verwenden die biblischen Texte in unterschiedlichen Zusammenhängen: Für die Christen ist die Rezitation der Evangelientexte in ihren Gottesdiensten von großer Bedeutung; ähnlich auch die Verwendung der Abendmahlsworte Jesu beim Gebet über Brot und Wein. Das Interesse des Exegeten ist demgegenüber hauptsächlich auf die Entstehung und **ursprüngliche Verwendung** solcher biblischer Worte gerichtet.

Entstanden ist die historisch-kritische Methode im 18. Jahrhundert in der Zeit der Aufklärung, als kritische Theologen durch sorgfältiges Lesen und Vergleichen auf zahlreiche Widersprüche zwischen verschiedenen biblischen Texten aufmerksam wurden, die sich nicht so leicht mit der traditionellen dogmatischen Lehre von der Irrtumslosigkeit der Schrift in Einklang bringen ließen. Besonders fielen solche Widersprüche innerhalb der „Fünf Bücher Mose" (griech. *Pentateuch*) auf. Als Erklärung bot sich in vielen Fällen die Annahme verschiedener **Quellen** an, die in der heute vorliegenden Fassung der Bibel zusammengearbeitet worden sind. So wurde schon früh beobachtet, dass zu Beginn des Buches Genesis unterschiedliche Bezeichnungen für Gott gebraucht werden: *Elohim* („Gott") in der Schöpfungsdarstellung Gen 1,1–2,4a und *Jahwe* in der darauffolgenden Paradieserzählung Gen 2,4b–3,24. Die erste Schöpfungsdarstellung wurde daher einem „Elohisten" zugeschrieben, die zweite dem „Jahwisten".[9] Diese Art der **Quellenscheidung** war lange Zeit ein Hauptanliegen der historisch-kritischen Beschäftigung mit den Bibeltexten.

Im Laufe der Zeit kristallisierten sich aber **weitere Methoden** heraus, die noch in den Zusammenhang der historisch-kritischen Betrachtung der Bibel gehören, aber unterschiedliche Akzente setzen:[10]

- Die Bibeltexte sind in verschiedenen **Handschriften** aus der Antike und dem frühen Mittelalter überliefert. Die **Textkritik** vergleicht diese Handschriften und fragt nach dem **Urtext,** der den verschiedenen Textüberlieferungen möglicherweise einmal zugrunde gelegen hat.

- Die Bibeltexte weisen gelegentlich unbegründete **Doppelungen** auf (eine Begebenheit wird zweimal erzählt) oder sachliche **Spannungen** (es treten Widersprüche in einer Erzählung auf). Darauf weist die **Literarkritik**[11] hin und überprüft, ob ein Text in sich einheitlich ist oder ob sich verschiedene Entstehungsschichten nachweisen lassen.

- Die Bibeltexte sind teilweise völlig unterschiedlich gestaltet: So weist eine Patriarchenerzählung aus dem Buch Genesis ganz andere **Formmerkmale** auf als z. B. ein Prophetenspruch des Propheten Jesaja oder ein Klagelied aus

---

9 Die voranstehende „erste" Schöpfungsdarstellung – die Erschaffung der Welt in sieben Tagen – erwies sich später als jüngere Überlieferung und wurde der so genannten „Priesterschrift" aus der Zeit um 550 v. Chr. zugeordnet. Die angefügte Paradieserzählung des „Jahwisten" geht auf ältere Jerusalemer Traditionen zurück.

10 Die einzelnen Methoden der historisch-kritischen Exegese werden in Kapitel 3 ausführlicher dargestellt.

11 „Literarkritik" ist ein Fachausdruck der Exegese für die Methode, die nach der Einheitlichkeit oder Uneinheitlichkeit von biblischen Texten fragt. Sie darf nicht mit „Literaturkritik" verwechselt werden, wie sie z. B. das „Literarische Quartett" unter Marcel Reich-Ranicki betreibt und bei der es darum geht, die Qualität von literarischen Texten zu beurteilen.

dem Buch der Psalmen. Die **Formkritik** beschreibt möglichst genau die individuellen Formmerkmale einzelner biblischer Texte.

- Bei aller Unterschiedlichkeit der Einzeltexte lassen sich zwischen verschiedenen biblischen Textgruppen doch Gemeinsamkeiten erkennen. Diese Texte gehören derselben **Gattung** an (z. B. Volkserzählungen, prophetische Gerichtsworte, Königspsalmen). Die **Gattungskritik** arbeitet die charakteristischen Merkmale der Textgattungen heraus und ordnet einzelne biblische Texte solchen Gattungen zu.

Die berühmte Jesaja-Rolle aus der Höhle 1 von Qumran am Toten Meer. Im Original ist die 1947 entdeckte Pergamentrolle, die aus dem 2. Jh. v. Chr. stammt, über 7 m lang.

- Einzelne biblische **Motive** treten auch im altorientalischen Umfeld der Bibel auf: So sind z. B. Eigenschaften des kanaanäischen Gottes Baal in den Psalmen auf den israelitischen Gott Jahwe übertragen worden. Die **Motivkritik** verfolgt solche geprägten Vorstellungen bis auf ihre Wurzeln im altorientalischen Umfeld.

- Die biblischen Schriftsteller haben für ihre Texte unterschiedliche Vorlagen herangezogen und bearbeitet. Die **Redaktionskritik** fragt nach der Leistung eines Autors (z. B. eines Evangelisten) bei der Auswahl, Anordnung und Neuformulierung ihm vorliegender Überlieferungen.

Gemeinsam ist allen diesen „Kritiken" das Interesse an dem ursprünglichen Wortlaut der biblischen Texte und am Werdegang der Bibel von den Quellen bis zu ihrer Endgestalt. Die Bibel wird vorrangig als **schriftstellerisches Produkt** gesehen; Verstehensschwierigkeiten lassen sich historisch-kritisch beheben, wenn die literarische Entstehungsgeschichte der Bibel rekonstruiert werden kann. Dies war den Exegeten seit der Aufklärung ein wichtiges Anliegen. Allerdings bleibt eine solche Betrachtungsweise der Bibel sehr abstrakt literaturwissenschaftlich. Aus dem Ungenügen daran sind in den letzten Jahrzehnten weitere Verfahren der Bibelexegese hervorgegangen, die einen stärkeren Praxisbezug aufweisen.

2.4 Sozialkritische Bibelauslegung

Die Geschichten der Bibel sind nicht als Erbauungsliteratur für die Reichen und Mächtigen aufgeschrieben worden, sondern sie ergreifen **Partei für die sozial Benachteiligten** ihrer Zeit. Dies kann man an einzelnen Texten unmittelbar an der Oberfläche ablesen:

Amos 5,7 Weh denen, die das Recht in bitterer Wermut verwandeln und die Gerechtigkeit zu Boden schlagen.

10 Bei Gericht hassen sie den, der zur Gerechtigkeit mahnt, und wer Wahres redet, den verabscheuen sie.

11 Weil ihr von den Hilflosen Pachtgeld annehmt und ihr Getreide mit Steuern belegt,
darum baut ihr Häuser aus behauenen Steinen – und wohnt nicht darin, legt ihr euch prächtige Weinberge an – und werdet den Wein nicht trinken.

12 [...] Ihr bringt den Unschuldigen in Not, ihr lasst euch bestechen und weist den Armen ab bei Gericht.

So geißelt der **Prophet Amos** um 760 v. Chr. die sozialen Missstände in Israel. **Jesaja,** der bedeutendste und wirkungsvollste Prophet in Israel, greift um 740 v. Chr. die Kultkritik seines Landsmannes Amos auf und hält den Jerusalemer Bürgern vor:

Jes 1,10 Hört das Wort des Herrn, ihr Herrscher von Sodom! Vernimm die Weisung unseres Gottes, du Volk von Gomorra!

11 Was soll ich mit euren vielen Schlachtopfern?, spricht der Herr. Die Widder, die ihr als Opfer verbrennt, und das Fett eurer Rinder habe ich satt; das Blut der Stiere, der Lämmer und Böcke ist mir zuwider.

14 Eure Neumondfeste und Feiertage sind mir in der Seele verhasst, sie sind mir zur Last geworden, ich bin es müde, sie zu ertragen.

17 Lernt, Gutes zu tun! Sorgt für das Recht! Helft den Unterdrückten! Verschafft den Waisen Recht, tretet ein für die Witwen!

Diese **prophetische Sozialkritik** findet ihren Widerhall in der **Botschaft Jesu:** Gleich zu Beginn der **„Bergpredigt"** werden die Armen, Hungernden, Trauernden und Verfolgten selig gepriesen (Mt 5,3–12 und Lk 6,20–23).[12] Reichtum kann ein Hinderungsgrund sein, Jesus nachzufolgen: „Eher geht ein Kamel durch ein Nadelöhr, als dass ein Reicher in das Reich Gottes gelangt" (Mt 19,24). Und an verschiedenen Beispielen zeigt Jesus den **Vorzug der Armen** vor den Reichen:

Mk 12,41 Als Jesus einmal dem Opferkasten gegenübersaß, sah er zu, wie die Leute Geld in den Kasten warfen. Viele Reiche kamen und gaben viel.

42 Da kam auch eine arme Witwe und warf zwei kleine Münzen hinein.

43 Er rief seine Jünger zu sich und sagte: Amen, ich sage euch: Diese arme Witwe hat mehr in den Opferkasten hineingeworfen als alle andern.

44 Denn sie alle haben nur etwas von ihrem Überfluss hergegeben; diese Frau aber, die kaum das Nötigste zum Leben hat, sie hat alles gegeben, was sie besaß, ihren ganzen Lebensunterhalt.

Diese biblische **„Option für die Armen"** – die Parteinahme für die Armen – wurde vor etwa 30 Jahren insbesondere durch die in Lateinamerika entstandene „Theologie der Befreiung" neu ins Bewusstsein gerückt. Ein berühmtes Beispiel für eine Lektüre der Bibel aus den konkreten Erfahrungen sozialer und politischer Unterdrückung heraus ist das „Evangelium der Bauern von Solentiname", das von dem nicaraguanischen Priester und Dichter Ernesto Cardenal aufgezeichnet wurde: Bibelgespräche, in denen die Bedeutung des Evangeliums für eine befreiende Praxis sichtbar wird. So beziehen die Bauern von Solentiname die Seligpreisungen unmittelbar auf die politische Situation in Nicaragua Anfang der 70er-Jahre:

12 Es gibt bei Matthäus die Tendenz zur „Spiritualisierung" der Seligpreisungen: So werden aus den „Armen" die „im Geist Armen" (auch übersetzt: „die arm sind vor Gott"); aus den „Hungernden" werden „die hungern und dürsten nach der Gerechtigkeit". Lukas hat den ursprünglichen Wortlaut bewahrt.

1 Felipe: Ich glaube, Jesus pries die Armen
selig, weil die Armen die Liebe eher in
die Praxis umsetzen können, nicht? Diese Liebe ist das Reich, das Gott uns ge-
5 ben will. Darum nennt er die Armen selig, weil sie es sind, die diese neue Gesellschaft der Liebe aufbauen werden. [...]
Laureano: Ein perfekter Kommunismus – das ist es, was das Evangelium will.
10 Der konservative Pancho sagt ärger-
lich: Willst du vielleicht behaupten,
dass Jesus Kommunist war?
Julio antwortet: Die Kommunisten
predigen das Gleiche, was auch das Evan-
15 gelium predigt: Alle Menschen sollen
gleich sein und wie Brüder leben. Laureano meint den Kommunismus des
Evangeliums. [...]

William: So lebten auch die ersten
20 Christen, die alles gemeinsam besaßen.
Pancho: Ich glaube, dieser Kommunismus scheitert ...
Tomás: Dieser Kommunismus, von
dem die Zeitungen reden, ist eben etwas
25 anderes. Aber der andere Kommunismus,
also, dass wir uns alle lieben sollen ...
Pancho: Das ist genug ...
Rebeca: Das ist Gemeinschaft. Kommunismus ist dasselbe wie Gemeinschaft.
30 Tomás: Dieser Kommunismus sagt
uns: Liebe deinen Nächsten wie dich
selbst.

Ernesto Cardenal: Das Evangelium der Bauern von
Solentiname, S. 118, 122 f.

Auch in Europa kam es seit Ende der 60er-Jahre zu einem verstärkten christ-
lich-sozialistischen Dialog, an dem sich auf katholischer Seite Karl Rahner,
Johann Baptist Metz und Norbert Greinacher, auf evangelischer Seite Jürgen
Moltmann und Dorothee Sölle beteiligten. Eher am Rande der traditionellen
Exegese entstanden **Modelle einer materialistischen Bibellektüre,** welche
die Perspektive der lateinamerikanischen Befreiungstheologie übernahmen.
Ein Beispiel dafür ist die folgende Interpretation zum Gleichnis von den
„Arbeitern im Weinberg" (Mt 20) in einer Pariser Arbeitergemeinde:

1 Es wurden die gängigen Auslegungen
wiederholt, darunter auch die Interpretation eines berühmten deutschen Neu-
testamentlers, der die Arbeiter der elf-
5 ten Stunde für einen typischen Fall von
orientalischer Faulheit hielt: Sie haben
den Tag genossen und wollen nun denselben Lohn wie diejenigen, die den
ganzen Tag gearbeitet haben. Die Arbei-
10 ter bemerkten dazu: „Eine typisch bür-
gerliche Auslegung. Für uns ist klar, dass
es ein Gleichnis ist, das von der Arbeits-

losigkeit spricht." – [...] Zur Zeit Jesu
gab es in Palästina eine Dauerarbeitslo-
15 sigkeit, die zwischen 15 000 und 55 000
Menschen betraf. Wenn man das Gleichnis nicht sofort „geistig-geistlich" interpretiert, besagt es zunächst einmal, dass
ein Arbeitsloser dasselbe Lebensrecht
20 besitzt wie einer, der arbeitet. Das ist die
neue Gerechtigkeit des Reiches Gottes.

Georges Casalis: Voraussetzungen und Elemente
einer europäischen Befreiungstheologie, S. 136 f.

Gelegentlich sind die sozialkritischen Ansätze der Bibelauslegung auch mit revolutionärem Elan über ihr Ziel hinausgeschossen. Dennoch behalten sie eine wesentliche Berechtigung darin, dass sie die **kritische und befreiende Kraft von Gottes Wort** fortwährend in Erinnerung rufen.

2.5 Tiefenpsychologische Auslegung

Neue Zugänge zu den biblischen Texten wurden in den 80er-Jahren mit den Methoden der **Tiefenpsychologie** beschritten. Der prominenteste Vertreter dieser Betrachtungsweise ist der katholische Theologe Eugen Drewermann, der mehrere umfangreiche Bücher zum Verhältnis der Tiefenpsychologie zu den verschiedenen theologischen Fachrichtungen (Exegese, Dogmatik, Moraltheologie) veröffentlicht hat. Darüber hinaus hat Drewermann aber auch kleinere Schriften verfasst, in denen er Texte unterschiedlicher Art (die Kindheitsgeschichte Jesu nach dem Lukasevangelium; ausgewählte Märchen der Brüder Grimm; den „Kleinen Prinzen" von Antoine de Saint-Exupéry) auf ansprechende Weise tiefenpsychologisch deutet.

Tiefenpsychologie	Sammelbezeichnung für diejenigen psychologischen Richtungen, die das Erleben, Verhalten und Handeln des Menschen aus dem Unbewussten zu entschlüsseln versuchen. Wichtigste Vertreter dieser Richtung sind Sigmund Freud (1856–1939) und Carl Gustav Jung (1875–1961). C. G. Jung sieht unterhalb der Schicht des persönlichen Unbewussten noch eine Schicht des „kollektiven Unbewussten"; in ihr sind allen Menschen gemeinsame Urbilder („Archetypen") enthalten: z. B. „die Seele" als Archetyp des Lebens; „das Wasser" als Archetyp des Unbewussten; „der Schatten" als Archetyp der negativen Seite des Selbst; „der alte Weise" als Archetyp für Sinn. Zugang zu dieser Schicht erhält der Mensch durch den Traum. In den Mythen und Märchen der Völker haben die Urbilder des kollektiven Unbewussten ihren vielfältigen symbolischen Ausdruck gefunden.

Sein **Programm** einer Überwindung der traditionellen Bibelauslegung durch
die Tiefenpsychologie entfaltet Drewermann in seinem zweibändigen Werk
„Tiefenpsychologie und Exegese".[13] Ausgangspunkt ist für Drewermann der
Widerspruch zwischen einer „verkopften", rationalistischen Exegese und dem
Bedürfnis der Menschen nach unmittelbarer religiöser Erfahrung. Diese
Sehnsucht der Menschen lässt sich für Drewermann **nicht** durch das **rein
historische Interesse** der wissenschaftlichen Exegese erfüllen, sondern nur
durch den **Rückgriff auf Traum und Mythos:** In seinen Träumen stößt der
Mensch zur Wahrheit des Unbewussten vor – dieselbe Wahrheit, die schon in
den uralten Mythen der Völker niedergelegt ist.

1 „Aber die Bibel ist doch kein Märchen-
buch!", so lautet immer noch der übliche Einwand gegen die Einbeziehung
der Tiefenpsychologie in die Bibelexege-
5 se. Richtig! Die Bibel ist kein Märchen-
buch, und sie enthält unendlich viel
mehr an Verheißung und Heil als in der
Erzählform eines Märchens Platz finden
kann. Aber wenn man die Bibel doch
10 wenigstens auf dem Niveau zu lesen beginnen wollte, auf dem die Tiefenpsychologie uns seit vielen Jahrzehnten die
Sprache der Märchen (wieder!) zu ver-
15 stehen gelehrt hat! Man würde dann
sehr bald merken, dass es nichts Kostba-
reres gibt als die ewigen Träume Gottes
im Herzen des Menschen, die gerade ihrer überzeitlichen Wahrheit wegen auch
20 in die Bibel Eingang finden mussten
und, Gott sei Dank, gefunden haben,
weil sie die Wunder und Erscheinungen
des Göttlichen im menschlichen Leben
ermöglicht haben und nach wie vor er-
möglichen.

Eugen Drewermann, Tiefenpsychologie und
Exegese, Bd. II, S. 21.

Es geht Drewermann somit um die **überzeitliche Wahrheit,** die in den
Texten der Bibel ihren Niederschlag gefunden hat. Zu ihr hat auch der heutige
Mensch einen unmittelbaren Zugang; gegebenenfalls muss er ihn mithilfe der
Methoden der Tiefenpsychologie neu entdecken. Drewermann legt die ver-
schiedensten biblischen Textgattungen mit seiner Methode aus: Wunderge-
schichten, Visionen, Gleichnisse u. a. Hier sei als Beispiel eine **Wunderhei-
lung Jesu** genannt, bei der Drewermann Parallelen zu antiken Berichten über
eine Heilung durch den Gott Asklepios in Epidauros erkennt:

1 Unter der Nr. 37 der Wunder von Epidauros wird z. B. berichtet: „Kleimenes
von Argos, am Körper gelähmt. Dieser
5 kam in den Heilraum, schlief und sah
ein Gesicht [...]; als er sich feig benahm,
habe Asklepios gesagt, er werde nicht

13 Eugen Drewermann: Tiefenpsychologie und Exegese, Bd. I: Traum, Mythos, Märchen, Sage und
Legende. Bd II: Wunder, Vision, Weissagung, Apokalypse, Geschichte, Gleichnis, Walter-Verlag: Olten
und Freiburg i. Br. 1984 und 1985 (5. Aufl. 1997). – Die scharfe Polemik Drewermanns gegen die
historisch-kritische Exegese hat zwei Neutestamentler zu einer Streitschrift veranlasst: Gerhard
Lohfink / Rudolf Pesch: Tiefenpsychologie und keine Exegese, Stuttgart 1987.

die Menschen heilen, die dazu zu feig seien, sondern nur die, welche zu ihm in sein Heiligtum kommen in der guten Hoffnung, dass er einem solchen nichts Übles antun, sondern ihn gesund entlassen werde. Als er aufgewacht war, badete er und kam ohne Leibschaden heraus."

15 Dies ist ein Heilwunder, das sehr an Joh 5,1–9 gemahnt, wo gleichermaßen ein Gelähmter hofft, durch ein Bad im Teich Beth Chesda geheilt zu werden [...]; Jesus befiehlt dem Gelähmten, der darüber klagt, dass ihm niemand im rechten Augenblick ins Wasser helfe, er solle selber seine Bahre nehmen und nach Hause gehen. Offenbar fordert Jesus den Kranken indirekt damit zu etwas auf, zu dem dieser bisher nie den Mut hatte und das man wohl am besten ganz wörtlich mit „Selbständigkeit" beschreiben kann.

Eugen Drewermann, Tiefenpsychologie und Exegese, Bd. II, S. 185.

Daher ist für Drewermann das eigentlich Entscheidende an den Wunderheilungen die **Überwindung der verdrängten Angst** durch den Kranken, dem sich Jesus auf einmalige Weise zuwendet.

Der Gewinn der tiefenpsychologischen Lektüre biblischer Texte besteht in der unmittelbaren Herstellung eines **Gegenwartsbezugs:** Der historische Graben, der sich zwischen dem Text und dem heutigen Leser auftut, wird durch den Hinweis auf überzeitlich gültige Symbole einfach übersprungen. Die Gefahr liegt aber gerade darin, den Wortlaut und Sinn historischer Texte und die **Bedeutsamkeit konkreter geschichtlicher Ereignisse** nicht mehr ernst zu nehmen: Die vielfältigen und widersprüchlichen geschichtlichen Erfahrungen Israels mit

Eugen Drewermann

seinem Gott werden auf allgemeine Symbole reduziert. Um solchen Einseitigkeiten zu begegnen, müssen sich historisch-kritische und tiefenpsychologische Hermeneutik im besten Fall **ergänzen.**

2.6 Feministische Bibellektüre

Die Texte der Bibel sind von Männern in einer **patriarchalisch,** d.h. von der Vorrangstellung des väterlichen Sippenoberhaupts bestimmten Gesellschaft niedergeschrieben worden. Auswirkungen davon sind bis in die Gemeindeordnungen der neutestamentlichen Briefliteratur spürbar; in ihnen wird die **Stellung der Frau** scheinbar eindeutig festgelegt: „Ewer weiber lasset schweigen vnter der Gemeine", wie Martin Luther die bekannte Stelle 1 Kor 14,34 übersetzt hat. Doch schon diese Stelle steht in Spannung zu 1 Kor 11,5, nach der den Frauen das geisterfüllte laute Beten und prophetische Reden in der Gemeinde ausdrücklich erlaubt war. Dennoch: Die **Hierarchie** des Paulus scheint eindeutig zu sein: Gott ist das Haupt Christi – Christus das Haupt des Mannes – der Mann das Haupt der Frau (1 Kor 11,3). So legen auch die neutestamentlichen „Haustafeln" (Anweisungen für das Leben der Christen in der Familie) immer wieder die **Unterordnung der Frau** unter ihren Mann fest (vgl. Eph 5,22; Kol 3,18; 1 Petr 3,1) – freilich nicht, ohne im selben Zusammenhang jedes Mal auch auf die **Verpflichtung der Männer** zur Liebe und Achtung ihrer Frau hinzuweisen (vgl. Eph 5,25; Kol 3,19; 1 Petr 3,7).

Solche Bibelstellen rufen begreiflicherweise Unverständnis hervor in unserer modernen Gesellschaft, die sich dem Leitbild der **Emanzipation** und der **Gleichberechtigung** der Geschlechter verpflichtet weiß. Die historisch-kritische Exegese (die freilich ihrerseits auch „männlich" geprägt ist) kann zur Beseitigung der Anstößigkeit solcher Stellen immerhin so viel beitragen, dass sie versucht, das **Zeitbedingte** von dem bleibend gültigen Gehalt zu unterscheiden: So sind die Verhaltensregeln der „Haustafeln" nicht spezifisch christlich, sondern sind aus ähnlichen populären Zusammenstellungen aus dem griechischen Kulturkreis **übernommen.** Auch muss die einzelne Aussage in den **Gesamtzusammenhang** des jeweiligen Abschnitts, des einzelnen Briefes, der Theologie ihres Verfassers oder sogar der neutestamentlichen Botschaft eingebettet werden.

Eine **feministische Bibellektüre** würde dabei jedoch nicht stehen bleiben, sondern einen grundsätzlichen **Perspektivenwechsel** verlangen: Die Bibel muss aus der Sicht von Frauen neu gelesen werden und von patriarchalen Überlagerungen befreit werden. So erscheinen **biblische Frauengestalten** in einem helleren Licht und werden als Identifikationsfiguren herausgestellt. Am **Gottesbild** der Bibel werden Elemente der **weiblichen Seite** Gottes wieder entdeckt. Damit steht die feministische Bibellektüre im größeren Zusammenhang der Bewegung einer **Feministischen Theologie,** die seit den 70er-Jahren als Emanzipationsbewegung innerhalb der christlichen Kirchen entstanden ist und für die als eine wichtige Vertreterin die Tübinger Theologin Elisabeth Moltmann-Wendel zu nennen ist. Die Feministische Theologie versteht sich als eine Theologie der Befreiung, die sich gegen Formen von patriarchaler Unterdrückung und deren Rechtfertigung durch eine „männliche" Theologie wendet.[14]

---

14 Einen breiten Überblick über die Feministische Theologie gibt das von Elisabeth Gössmann u.a. herausgegebene Wörterbuch der Feministischen Theologie, Gütersloher Verlagshaus Gerd Mohn: Gütersloh 1991.

Wie berechtigt der Perspektivenwechsel durch eine feministische Bibellektüre ist, kann man allein schon daran erkennen, wie groß die Zahl biblischer Frauengestalten ist:[15] Nicht nur Eva, die „Mutter aller Lebendigen" (Gen 3,20), und Maria, die Mutter Jesu, kommen in den Blick, sondern darüber hinaus:

Im Alten Testament:

- Sara, die Frau Abrahams und Mutter Isaaks, und ihre Konkurrentin, die ägyptische Magd Hagar (Gen 12; 16 und 21).
- Lots Frau, die zur Salzsäule erstarrt, und Lots Töchter, die sich von ihrem betrunkenen Vater schwängern lassen (Gen 19).
- Die Prophetin Mirjam, die Schwester Aarons, die das Siegeslied am Schilfmeer singt (Ex 15).
- Die Richterin Debora und die Befreierin Jael (Ri 4; 5).
- Die Tochter Jiftachs, die von ihrem Vater infolge eines leichtfertigen Gelübdes geopfert wird (Ri 11).
- Delila, die ihren Liebhaber Simson an die Philister verrät (Ri 16).
- Rut, die Moabiterin, die sich gegenüber ihrer Schwiegermutter treu erweist und so zur Frau des Boas und Ahnfrau König Davids wird (Buch Rut).
- Batseba, für die König David den Hetiter Urija in den Tod schickt (2 Sam 11; 12).
- Judit, die den feindlichen Feldherrn Holofernes im Schlaf enthauptet und so ihr Volk rettet (Jdt 13).
- Ester, die ihr Volk vor einem Pogrom im Perserreich bewahrt (Buch Ester).

Im Neuen Testament:

- Elisabet, die Mutter von Johannes dem Täufer, zu der Maria einkehrt (Lk 1).
- Herodias, die Frau des Herodes Antipas, und ihre Tochter (Salome), die von König Herodes das Haupt Johannes des Täufers verlangen (Mk 6).
- Die kranke Frau, die im Vertrauen auf Heilung Jesu Gewand berührt (Mk 5).
- Die Ehebrecherin, die durch Jesus vor der Steinigung bewahrt wird (Joh 8).
- Maria und Marta von Betanien, die Schwestern des Lazarus, mit denen Jesus befreundet ist (Joh 11).

---

15 Hervorragend dargestellt werden diese Frauen in dem Band „Große Frauen der Bibel in Bild und Text" aus dem Herder-Verlag, Freiburg u. a. 1993.

- Die Frau, die Jesus salbt (Mt 26; Mk 14; Lk 7; Joh 12).[16]
- Maria von Magdala, die erste Zeugin der Auferstehung (Mt 28; Mk 16; Joh 20).

In der Bibel begegnen Frauen also in **vielerlei Rollen:** als Mütter und Geliebte; als Prophetinnen und Kämpferinnen; als Fromme und Sünderinnen. Sie verhalten sich viel **aktiver,** als das die kirchliche Tradition wahrhaben will. Freilich finden sich in biblischen Geschichten auch typisch männliche **Klischeevorstellungen** über Frauen, wie Dorothee Sölle am Beispiel der Bösesten unter ihnen zeigt: „Herodias und Salome treten als Einheit auf und erfüllen das Doppelklischee der bösen Frau, die als jüngere schön, verführerisch, launisch und unwiderstehlich ist, als ältere intrigant, machtbewusst und listig; als Kombination sind beide unschlagbar. Dieses Urbild erscheint hier auf zwei Gestalten verteilt, meint aber in den archetypischen Ängsten der Männer nur die eine bedrohliche Macht dessen, was ‚anders‘, rätselhaft, irrational, eben Frau ist.“[17] Feministische Bibellektüre führt so zu einer neuartigen **Identifikation** heutiger Frauen mit biblischen Frauengestalten.

Maria Magdalena, Gemälde von Filippino Lippi, um 1495.

---

16 Diese Frau wurde in der kirchlichen Tradition fälschlicherweise mit Maria Magdalena gleichgesetzt. Sie wird nur bei Lukas als „Sünderin“ bezeichnet; Johannes identifiziert sie dagegen mit Maria von Betanien, der Schwester von Marta und Lazarus.
17 Dorothee Sölle zu Mk 6, in: Große Frauen der Bibel in Bild und Text, Herder-Verlag: Freiburg u. a. 1993, S. 255.

Zusammenfassung: Methodische Zugänge zur Bibel

Die **Bibelhermeneutik** will die Voraussetzungen unseres heutigen Verstehens biblischer Texte bewusst machen und so **Verstehensschwierigkeiten beheben.**

Die **Historisch-kritische Exegese** fragt nach dem **ursprünglichen Wortlaut und Sinn** der biblischen Texte in ihrer Entstehungszeit. Dazu dienen verschiedene literaturwissenschaftliche Verfahren (Textkritik, Literarkritik, Motivkritik u. a.).

Die **sozialkritische Bibelauslegung** arbeitet aus den biblischen Texten die **Parteinahme für die sozial Benachteiligten** heraus.

Eine **tiefenpsychologische Deutung** ist vor allem an den überzeitlichen und überindividuellen **Urbildern** interessiert, die in den biblischen Geschichten ihren symbolischen Ausdruck gefunden haben.

Die **Feministische Bibellektüre** achtet besonders auf die **Rolle der Frauen** in biblischen Texten und kritisiert patriarchales Gedankengut.

Die verschiedenen methodischen Zugänge zur Bibel haben ein unterschiedliches **Erkenntnisinteresse.** Sie können sich teilweise **ergänzen,** manchmal aber auch gegenseitig **ausschließen.**

3 Historisch-kritische Methoden

Die Methoden der historisch-kritischen Exegese wurden im vorigen Kapitel
schon im Überblick dargestellt: Textkritik, Literarkritik, Formkritik, Gattungskritik, Motivkritik und Redaktionskritik. Diese Methoden sind seit Beginn der
historisch-kritischen Forschung nacheinander und nebeneinander entwickelt
worden; ihre Benennung und Verwendung durch einzelne Exegeten ist manchmal unterschiedlich. Einen systematischen Ordnungsversuch der einzelnen
Methoden unternahm erstmalig in den 70er-Jahren der Münchener Alttestamentler Wolfgang Richter.[18]

3.1 Textkritik:
Die Suche nach dem ursprünglichen Bibeltext

Die Bibeln, die wir im kulturellen Umfeld des Christentums verwenden, sind
Übersetzungen aus den **Ursprachen: Hebräisch** und **Aramäisch** für das Alte
Testament, **Griechisch** für das Neue Testament. Selbst das Lateinische, das
lange Zeit für die katholische Kirche die offizielle Sprache der Bibel war, ist
schon eine Übersetzung. Auch die hebräische Bibel (unser Altes Testament) ist
schon in der Zeit vor Christi Geburt ins Griechische übersetzt worden, um für
jüdische Gemeinden außerhalb Palästinas verständlich zu sein. Diese griechische Übersetzung heißt „Septuaginta" („Siebzig"), weil sie der Legende nach
von siebzig jüdischen Gelehrten verfasst wurde.[19]

Die Qualität einer Übersetzung hängt zum einen von den **sprachlichen
Kenntnissen und stilistischen Fähigkeiten** des Übersetzers ab: Die lang
anhaltende Wirkung der Bibelübersetzung Martin Luthers aus dem 16. Jahrhundert resultiert aus den guten Kenntnissen Luthers in den Ursprachen
sowie aus seinem Mut, „dem Volk aufs Maul zu schauen" – das heißt, die Um-
gangssprache seiner Zeit zu verwenden.

---

18 Die weitere Darstellung folgt weitgehend Richters Konzeption: Wolfgang Richter: Exegese als
Literaturwissenschaft. Entwurf einer alttestamentlichen Literaturtheorie und Methodologie, Vandenhoeck
& Ruprecht: Göttingen 1971. Eine etwas andere Konzeption vertritt Odil Hannes Steck: Exegese des Alten
Testaments. Leitfaden der Methodik, 1. Aufl. 1971, 14., durchges. u. erw. Aufl., Neukirchener Verlag:
Neukirchen-Vluyn 1999.
19 Die schon in Kapitel 1.3 erwähnten „deuterokanonischen" Bücher des Alten Testaments (Tobit, Judit,
1 und 2 Makkabäer, Weisheit, Jesus Sirach und Baruch) sind außerhalb Palästinas entstanden und daher
schon ursprünglich auf Griechisch, nicht auf Hebräisch geschrieben.

Zum anderen ist aber wichtig, welche **Textvorlage** zugrunde liegt: Welche Handschrift hat der Übersetzer zur Verfügung? Aus welcher Zeit stammt sie? Wie zuverlässig ist diese Handschrift? Heute verwenden Theologen im deutschsprachigen Raum zumeist die Urtextausgaben, die von der Deutschen Bibelgesellschaft in Stuttgart herausgegeben werden: die **Biblia Hebraica Stuttgartensia** (5. Auflage 1997) für das Alte Testament; das **Novum Testamentum Graece** (27. Auflage 1993) für das Neue Testament. Die Ausgabe der hebräischen Bibel verwendet als Grundlage den so genannten

Codex Leningradensis[20], eine vollständige und zuverlässige Abschrift aus dem Jahr 1008 n. Chr. Die Ausgabe des Neuen Testaments bietet einen kombinierten Text aus mehreren Handschriften, zu denen z. B. der **Codex Sinaiticus** und der **Codex Vaticanus** aus dem 4. Jahrhundert n. Chr. gehören. Es gibt freilich noch sehr viel ältere Handschriften, die einzelne Bücher oder zumindest Fragmente der Bibel enthalten: Für das Alte Testament sind das vor allem die berühmten Schriftrollen von **Qumran** aus dem 1. Jahrhundert v. Chr.; für das Neue Testament sind das **Papyri** aus dem 2. Jahrhundert n. Chr.

Unter den Schriftrollen, die 1947 in den Höhlen von Qumran am Toten Meer entdeckt wurden, sind fast sämtliche Bücher der hebräischen Bibel vertreten: Vollständig erhalten ist

Titelblatt der ersten vollständigen Lutherbibel aus dem Jahr 1534.

z. B. die Jesaja-Rolle von über 7 m Länge; andere Bücher sind in Teilen erhalten. Die Funde beweisen, dass die hebräischen Texte insgesamt **sehr zuverlässig überliefert** worden sind: Abweichungen gegenüber den späteren Abschriften betragen unter 10 %. In der Überlieferung des griechischen Neuen Testaments gibt es weitaus mehr Abweichungen – allerdings auch sehr viel mehr Handschriften.

---

20 Bibelhandschriften werden nach ihrem Fundort oder Aufbewahrungsort benannt. Der Codex Leningradensis ist also eine Handschrift in Buchform (Kodex), die in Leningrad (heutiger Name Sankt Petersburg) aufbewahrt wird.

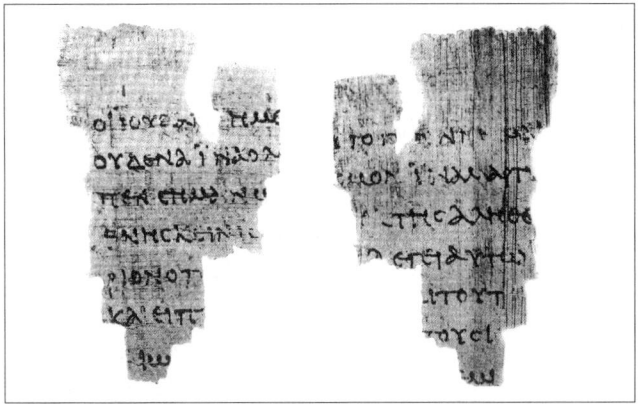

Die älteste neutesta-
mentliche Handschrift
ist der Papyrus P52 aus
der Zeit vor 150 n. Chr.
Er enthält ein Bruch-
stück aus Joh 18, 31–38
(Jesus vor Pilatus).

Die Textkritik versucht, unter den vorliegenden Handschriften den Text zu
ermitteln, der dem **Urtext** am nächsten kommt. Das eine Kriterium ist dabei
die **äußere Bezeugung** einer bestimmten Lesart (Alter, Qualität und Zahl der
Handschriften); das andere Kriterium ist die **innere Wahrscheinlichkeit** für
eine Lesart: So lassen sich manche Textunterschiede zwischen den Handschriften als Versehen beim Abschreiben oder sogar als absichtliche Änderungen
erklären (Ersetzung ungewöhnlicher Wörter oder Änderungen aus theologischen Gründen).

Beispiele für die Textkritik

- In Gen 4,8 hat der Codex Leningradensis den Text: „Da sagte Kain zu Abel,
  seinem Bruder. Als sie auf dem Feld waren, erhob sich Kain gegen Abel,
  seinen Bruder, und tötete ihn." Nach der Einleitung der Rede Kains fehlt der
  Satz: „Gehen wir aufs Feld!" Er ist versehentlich ausgefallen, denn andere
  hebräische Überlieferungen und die griechische Übersetzung enthalten ihn.

- In Ex 24,10 heißt es im hebräischen Text: „Sie (Mose, Aaron und die Ältesten Israels) sahen den Gott Israels." Die griechische Übersetzung schreibt
  dagegen: „Sie sahen den Ort, wohin sich der Gott Israels gestellt hatte."
  Offensichtlich versucht die griechische Fassung nachträglich, die Bildlosig-
  keit des Gottes Israels zu berücksichtigen. Es handelt sich also um eine absichtliche Korrektur aus theologischen Gründen.

- Im hebräischen Text 1 Sam 3,13 heißt es von den missratenen Söhnen des
  Priesters Eli, dass sie „sich Fluch zuziehen". Aus der griechischen Fassung
  ist noch zu erkennen, dass sie an dieser Stelle ursprünglich „Gott lästerten".
  Die Schreiber empfanden diese Vorstellung wohl als zu anstößig.

- Die Verheißung des Immanuel durch den Propheten Jesaja beginnt in Jes 7,14 mit dem Satz: „Seht, die junge Frau wird ein Kind empfangen". Das hebräische Wort für „junge Frau" ist in der Septuaginta mit dem griechischen Wort für „Jungfrau" übersetzt worden und wird in diesem Sinne auch im Neuen Testament auf die wunderbare Empfängnis Jesu durch Maria angewendet (Mt 1,23). Spätere jüdische Übersetzer wollten dieser christlichen Interpretation die Grundlage entziehen und haben daher das Wort „Jungfrau" durch das griechische Wort für „Mädchen, junge Frau" ersetzt.

- Im Neuen Testament kommt es vielfach zu Angleichungen zwischen den verschiedenen Evangelien: So bietet Lukas z.B. eine deutlich kürzere Fassung des Vaterunsers als Matthäus; viele Handschriften ergänzen daher Lk 11,2–4 um die „fehlenden" Bitten aus Mt 6,9–13.

Eines kann die Textkritik jedoch nicht: die **historische Zuverlässigkeit** der geschilderten Personen oder Ereignisse beurteilen. Selbst die ältesten Papyri des Neuen Testaments stammen aus einer Zeit, die mindestens 100 Jahre nach Jesu Tod liegt; die Schreiber der Qumran-Rollen lebten über 1000 Jahre nach dem Tod des Mose (wenn man den Auszug aus Ägypten um 1250 v. Chr. ansetzt). Für die Beurteilung historischer Fragen müssen andere Methoden herangezogen werden.

3.2   Literarkritik: Die Uneinheitlichkeit eines Bibeltextes

Die Bibelgelehrten in der Zeit der Aufklärung stießen auf verschiedene **historische Unwahrscheinlichkeiten** und **erzählerische Widersprüche** in der Bibel: Ist der Name Gottes „Jahwe" oder „Elohim" (Gen 2)? Hat Gott den Menschen gleich als Mann und Frau geschaffen (Gen 1) – oder die Frau nachträglich aus einer Rippe Adams (Gen 2)? Ist die Schöpfung „sehr gut" geschaffen (Gen 1,31) – oder ist das Trachten des menschlichen Herzens „immer nur böse" (Gen 6,5)? Dauerte die Sintflut 40 Tage – oder ein ganzes Jahr (Gen 7–8)? Teilt sich das Meer beim Auszug der Israeliten durch den Arm des Mose – oder lässt Jahwe es durch einen Ostwind in der Nacht fortwehen (Ex 13–14)? Ist der Gott Israels „barmherzig und gnädig, langmütig, reich an Huld und Treue" (Ex 34) – oder doch ein strenger Richter, der Murren und Ungehorsam unnachgiebig bestraft (Num 14)?

Waren bei der Geburt Jesu Hirten anwesend (Lk 2) – oder orientalische Sterndeuter (Mt 2)? Waren ein, zwei, drei oder noch mehr Frauen am leeren

Grab Jesu (Joh 20; Mt 28; Mk 16; Lk 24)? Wenn die drei synoptischen Evangelien (siehe S. 45–48) Mt, Mk und Lk so viele Gemeinsamkeiten aufweisen – wie lassen sich ihre Unterschiede erklären? Warum unterscheidet sich das Johannesevangelium im Aufbau und Inhalt so deutlich von den anderen Evangelien?

Die Antwort auf diese Fragen besteht in der Einsicht, dass die Bibel ein **literarisches Produkt** ist. Sie stammt aus der Feder verschiedener Verfasser und ist im Laufe von Jahrhunderten entstanden und überarbeitet worden. Sofern man akzeptiert, dass diese „Vielstimmigkeit" der Bibel keineswegs gegen ihren Wahrheitsgehalt spricht, eröffnen sich viele neue und spannende Zugänge zu den Texten der Bibel: Welche unterschiedlichen Gottesbilder sind vertreten? Welche Entwicklungen in der Geschichte eines Stoffes lassen sich feststellen? Welche Akzente setzen einzelne Autoren?

Um verschiedene **Entstehungsschichten** festzustellen, fragt die Literarkritik vor allem nach **Doppelungen und Spannungen** in einem Text. An der **Sintfluterzählung** Gen 6–9 soll dieses Verfahren exemplarisch gezeigt werden:[21]

Die Sintflut,
Kupferstich von
Matthaeus Merian.

Gen 6,5 Der Herr (Jahwe) sah, dass auf der Erde die Schlechtigkeit des Menschen zunahm und dass alles Sinnen und Trachten seines Herzens immer nur böse war.

7 Der Herr sagte: Ich will den Menschen, den ich erschaffen habe, vom Erdboden vertilgen, mit ihm auch das Vieh, die Kriechtiere und die Vögel des Himmels,

---

21 Die Sintfluterzählung wird hier nur unvollständig wiedergegeben; die einzelnen Verse sind schon auf die beiden vermuteten Schichten aufgeteilt. Die zweite Schicht ist kursiv gesetzt. Die Zuordnung folgt Erich Zenger u. a.: Einleitung in das Alte Testament, 6., durchges. Aufl., Kohlhammer: Stuttgart 2006, S. 80.

denn es reut mich, sie gemacht zu haben.

8 Nur Noach fand Gnade in den Augen des Herrn.

9 *Das ist die Geschlechterfolge nach Noach: Noach war ein gerechter, untadeliger Mann unter seinen Zeitgenossen; er ging seinen Weg mit Gott (Elohim).*

11 *Die Erde war in Gottes Augen verdorben, sie war voller Gewalttat.*

13 *Da sprach Gott zu Noach: Ich sehe, das Ende aller Wesen aus Fleisch ist da; denn durch sie ist die Erde voller Gewalttat.*

14 *Mach dir eine Arche aus Zypressenholz!*

18 *Geh in die Arche, du, deine Söhne, deine Frau und die Frauen deiner Söhne!*

19 *Von allem, was lebt, von allen Wesen aus Fleisch, führe je zwei in die Arche, damit sie mit dir am Leben bleiben; je ein Männchen und ein Weibchen sollen es sein.*

7,1 Darauf sprach der Herr zu Noach: Geh in die Arche, du und dein ganzes Haus, denn ich habe gesehen, dass du unter deinen Zeitgenossen vor mir gerecht bist.

2 Von allen reinen Tieren nimm dir je sieben Paare mit, und von allen unreinen Tieren je ein Paar.

7 Noach ging also [...] in die Arche, bevor das Wasser der Flut kam.

16 Dann schloss der Herr hinter ihm zu.

12 Der Regen ergoss sich vierzig Tage und vierzig Nächte lang auf die Erde.

11 *Im sechshundertsten Lebensjahr Noachs, am siebzehnten Tag des zweiten Monats, an diesem Tag brachen alle Quellen der gewaltigen Urflut auf, und die Schleusen des Himmels öffneten sich.*

24 *Das Wasser aber schwoll hundertfünfzig Tage lang auf der Erde an.*

8,1 *Da dachte Gott an Noach und an alle Tiere und an alles Vieh, das bei ihm in der Arche war. Gott ließ einen Wind über die Erde wehen, und das Wasser sank.*

4 *Am siebzehnten Tag des siebten Monats setzte die Arche im Gebirge Ararat auf.*

6 Nach vierzig Tagen öffnete Noach das Fenster der Arche, das er gemacht hatte [...].

8 Dann ließ er eine Taube hinaus, um zu sehen, ob das Wasser auf der Erde abgenommen habe.

10 Dann wartete er noch weitere sieben Tage und ließ wieder die Taube aus der Arche.

12 Er wartete weitere sieben Tage und ließ die Taube noch einmal hinaus. Nun kehrte sie nicht mehr zu ihm zurück.

13 *Im sechshundertersten Jahr Noachs, am ersten Tag des ersten Monats, hatte sich das Wasser verlaufen.*

15 *Da sprach Gott zu Noach*

16 *Komm heraus aus der Arche, du, deine Frau, deine Söhne und die Frauen deiner Söhne!*

20 Dann baute Noach dem Herrn einen Altar, nahm von allen reinen Tieren und von allen reinen Vögeln und brachte auf dem Altar Brandopfer dar.

21 Der Herr roch den beruhigenden Duft, und der Herr sprach bei sich: Ich will die Erde wegen des Menschen nicht noch einmal verfluchen, denn das Trachten des Menschen ist böse von Jugend an. Ich will künftig nicht mehr alles Lebendige vernichten, wie ich es getan habe.

Spannungen

- Gottesname: Jahwe – Elohim,
- Ursache der Flut: Bosheit der Menschen – Verderbnis der Erde und allen Fleisches,
- Tiere in der Arche: je sieben Paare reine und ein Paar unreine Tiere – je ein Paar von allen,
- Dauer der Flut: vierzig Tage und vierzig Nächte – ein knappes Jahr,
- Kommen der Flut: Regen – Öffnen der Schleusen der Urflut von unten und oben,
- Herausgehen aus der Arche: „Vogelexperiment" – Aufforderung Gottes.

Doppelungen

- Entschluss zur Vernichtung des Menschen,
- Gerechtigkeit Noachs,
- Befehl zum Besteigen der Arche,
- Aufforderung zur Mitnahme von Tieren in die Arche,
- Zunehmen der Flut,
- Abnehmen der Flut,
- Anstoß zum Herausgehen aus der Arche.

Wenn der Exeget solche erzählerischen Unstimmigkeiten in einem biblischen Text bemerkt, versucht er, die einzelnen Verse **unterschiedlichen Schichten** zuzuordnen. Bei der Sintfluterzählung hat sich die übereinstimmende Meinung herausgebildet, dass **ursprünglich zwei selbstständige Erzählungen** vorgelegen haben, die später zu einer einzigen zusammengearbeitet worden sind: eine ältere des „Jahwisten" und eine jüngere der „Priesterschrift". Die ältere Erzählung enthält eine Reihe volkstümlich-naiver Erzählmotive: z. B. das Verschließen der Arche durch Jahwe selbst, Noachs Aussenden der Taube, Jahwes Riechen des beruhigenden Opferduftes. Die jüngere Erzählung ist stärker schematisiert: An der Arche interessieren vor allem ihre genaue Größe und Bauart, die Sintflut wird in ihrem Ablauf exakt datiert, Noach wird zum frommen Befehlsempfänger Gottes. Die späteren Sammler und Bearbeiter („Redaktoren") wollten aber keine der beiden Erzählungen verloren gehen lassen und haben sie daher miteinander verschachtelt. Das ist ihnen so gut gelungen, dass wir die Sintfluterzählung heute als **einen zusammenhängenden Text** wahrnehmen. Nur bei sehr genauem Hinsehen können wir noch die kleinen Unstimmigkeiten bemerken.

Exkurs: Die Quellen des Pentateuch

Die spannendste Aufgabe für die Alttestamentler in den letzten 200 Jahren war es, ein überzeugendes Modell für die Entstehung und Zusammensetzung der „Fünf Bücher Mose" (griech. *Pentateuch*) zu finden. Drei verschiedenartige Modelle wurden in Erwägung gezogen:

- **Urkundenhypothese:** Der Pentateuch ist komponiert aus mehreren ursprünglich selbstständigen „Urkunden" (Quellenschriften), z. B. dem Jahwisten und der Priesterschrift, die später zusammengearbeitet worden sind.

- **Fragmentenhypothese:** Der Pentateuch besteht aus einer Vielzahl einzelner „Fragmente" (Einzelerzählungen), die ursprünglich nicht zusammengehörten und erst sehr spät zusammengefügt worden sind.

- **Ergänzungshypothese:** Dem Pentateuch liegt eine einzige Schrift zugrunde, die im Laufe der Zeit durch Hinzufügung weiterer Erzählungen ausgebaut und ergänzt worden ist.

Vor 100 Jahren hatte sich eine Form der **Urkundenhypothese** durchgesetzt, die der Alttestamentler Julius Wellhausen (1844–1918) erarbeitet hatte und die mit der abgekürzten Formel **J – E – D – P** wiedergeben wird:

J: Der **Jahwist** (benannt nach dem Gottesnamen Jahwe) schrieb sein Werk etwa 950 v. Chr. unter König Salomo in Jerusalem. Er gibt seiner Urgeschichte eine **universale Ausrichtung** und deutet die Zwiespältigkeit menschlichen Handelns. Beispiel: Paradieserzählung Gen 2–3.

E: Der **Elohist** (benannt nach dem Gottesnamen Elohim) schrieb um 800 v. Chr. im Nordreich Israel. Ihm liegt besonders an der **Gottesfurcht** des Menschen. Beispiel: Opferung Isaaks Gen 22.

D: Der **Deuteronomist** (benannt nach dem Buch Deuteronomium) verfasste seine Grundschrift im Zusammenhang mit der Kultreform des Königs Joschija um 622 v. Chr. Ihm liegt besonders an der Konzentration auf **Jahwe allein.** Beispiel: „Höre, Israel" Dtn 6.

P: Die **Priesterschrift** (benannt nach den vermutlich priesterlichen Verfassern) entstand im „Babylonischen Exil"[22] um 550 v. Chr. Sie entwirft – nach der Katastrophe der Zerstörung Jerusalems durch die Babylonier – eine von Gott her **geordnete Welt.** Beispiel: Schöpfungsdarstellung Gen 1.

---

22 Als „Babylonisches Exil" bezeichnet man die Verschleppung der jüdischen Oberschicht nach Babylon in der Zeit von 586 bis 538 v. Chr., nachdem die Stadt Jerusalem durch König Nebukadnezzar erobert und der Tempel zerstört worden war. Die Verbannung war eine einschneidende religiöse Erfahrung in der Geschichte Israels.

Dieses recht einfache Modell ist durch neuere Forschungen allerdings wieder grundsätzlich infrage gestellt worden: Insbesondere die so frühe Abfassung eines „jahwistischen Geschichtswerks" gilt heute als äußerst unwahrscheinlich; auch die Existenz einer selbstständigen „elohistischen Quelle" wird kaum noch angenommen. Vertreten wird jetzt meist ein Modell aus einer **kombinierten Fragmenten- und Urkundenhypothese**; im Einzelfall gibt es jedoch große Unterschiede zwischen den Alttestamentlern. Dennoch kann das klassische Pentateuchmodell weiterhin als Orientierungshilfe dienen.

3.3 Formkritik: Die eigentümliche Gestalt eines Bibeltextes

„Ein großer Teil des Alten Testaments ist mit erhöhter Gesinnung, ist enthusiastisch geschrieben und gehört dem Felde der Dichtkunst an": Kein Geringerer als Johann Wolfgang von Goethe hat so positiv über die Texte der Bibel geurteilt.[23] Die poetischen Qualitäten der Bibel sind immer schon an den **Psalmen** oder am **Hohen Lied** bemerkt worden: Z. B. bezieht ein Loblied wie Psalm 150 seine Wirkung aus den Stilmitteln des Parallelismus, der Wiederaufnahme, der Rahmung sowie der Variation und weniger aus den Wortbedeutungen selber:

Ps 150,1 Halleluja!
Lobet Gott in seinem Heiligtum,
lobt ihn in seiner mächtigen Feste!
2 Lobt ihn für seine großen Taten,
lobt ihn in seiner gewaltigen Größe!
3 Lobt ihn mit dem Schall der Hörner,
lobt ihn mit Harfe und Zither!
4 Lobt ihn mit Pauken und Tanz,
lobt ihn mit Flöten und Saitenspiel!
5 Lobt ihn mit hellen Zimbeln,
lobt ihn mit klingenden Zimbeln!
6 Alles, was atmet, lobe den Herrn!
Halleluja!

Doch nicht allein die Poesie des Alten Testaments lässt sich mit den Augen eines **Literaturwissenschaftlers** lesen: Ebenso sind die Patriarchenerzählungen der Genesis, die Volkserzählungen der Bücher der Könige, die Verheißungs-

---

23 J. W. Goethe: Noten und Abhandlungen zu besserem Verständnis des West-östlichen Divans. Hamburger Ausgabe in 14 Bänden, 12., neubearb. Aufl., München 1981, Bd. 2, S. 128.

Alttestamentliche
Musikinstrumente:
Horn und Rahmen-
trommel.

worte des Jesaja, die Gleichnisse Jesu nach den synoptischen Evangelien, die paulinischen Briefe auf jeweils eigentümliche Weise gestaltete Sprachkunstwerke. Die **Formkritik** beschreibt nun die **individuelle Gestalt** eines einzelnen biblischen Textes. Dabei fragt sie nach den gleichen Merkmalen, die auch bei anderen literarischen Texten interessieren:

- Gliederung in Abschnitte, Szenen, Strophen,
- Personen,
- Orts- und Zeitangaben,
- Anteil von Handlungsdarstellung und Figurenrede,
- Wiederholungen von Wörtern (z. B. Leitwörter) und Sätzen (z. B. Kehrverse),
- rhetorische Figuren (Alliteration, Parallelismus, Chiasmus, Emphase, Steigerung usw.),
- Satzarten, Satzteile, Wortarten,
- Wertungen.

Bestimmte sprachliche Merkmale, die sich auf die Laute beziehen (z. B. Alliterationen), kann man nur an der Ursprache Hebräisch oder Griechisch beschreiben. Viele andere Merkmale, die näher beim Textinhalt sind **(„innere Form")**, lassen sich aber auch anhand einer deutschen Bibelübersetzung erkennen. Wer einmal probiert, einen Bibeltext auf diese Art und Weise genauer zu beschreiben, wird überrascht feststellen, dass ein scheinbar bekannter Text ganz neu zu leben beginnt.

3.4   Gattungskritik: Typische Redeformen der Bibel

Nicht jeder Text der Bibel ist völlig einzigartig und individuell gestaltet: Viele Texte folgen bestimmten Grundmustern (**„Gattungen"**), die ihren Aufbau und ihre Gestaltung bestimmen. Solche Gattungen kennen wir auch aus der modernen Literatur: Märchen, Fabel, Sage; Novelle, Kurzgeschichte, Roman sind z. B. Typen erzählender Texte. Einfache Gattungen zeichnen sich häufig durch klar erkennbare, wiederkehrende Merkmale aus: Der Einleitungssatz „Es war einmal" deutet auf die Gattung „Märchen" hin; eine „Moral" am Ende eines Textes kennzeichnet eine „Fabel".

Auch biblische Texte weisen solche Gattungsmerkmale auf. Es ist wichtig, die einzelnen Gattungen zu unterscheiden: Wenn man nämlich alle Gattungen der Bibel unterschiedslos zur „Biblischen Geschichte" einebnet, wird man den Intentionen der Texte ganz und gar nicht gerecht. Darauf hat der Bibelwissenschaftler Gerhard Lohfink am Beispiel der **Lehr-Erzählung vom Propheten Jona** hingewiesen: Jona flieht zunächst vor Gottes Auftrag, der Stadt Ninive den Untergang zu verkünden; er wird auf der Flucht von einem großen Fisch verschlungen und wieder ausgespien; darauf erfüllt er den göttlichen Auftrag und wird zornig, als die Einwohner von Ninive umkehren und so der Vernichtung entgehen; schließlich wird er durch göttliches Handeln dazu gebracht, das Unangemessene seines Zornes über die Barmherzigkeit Gottes erkennen zu müssen. „Wer die Erzählung von Jona als historischen Bericht liest, wird entweder die Bibel wütend aus der Hand legen oder in geistiger Schizophrenie leben müssen. Wer hingegen weiß, dass diese Geschichte ein großartiges Bekenntnis der Menschenliebe und Geduld Gottes in Form einer Lehr-Erzählung ist, wird sie mit innerer Freude und stets neuem Gewinn lesen."[24]

Höchst **vielfältig** sind die Gattungen der Bibel: Sage, Mythos, Legende; Fabel, Predigt, Ermahnung; Lehr-Erzählung, Gleichnis, Bildwort; Prophetenspruch, Gesetzesspruch, Weisheitsspruch; Rede, Vertrag, Brief; Lied, Gebet, Sprichwort – das ist nur eine Auswahl aus der Vielzahl von Gattungen, die die Bibelwissenschaftler heute annehmen. Manche biblischen Bücher führen einen Gattungsnamen im **Titel**, so z. B. das alttestamentliche „Buch der Sprichwörter". Andere Gattungen werden im Verlauf der Texte bezeichnet: „Und er erzählte ihnen ein Gleichnis *(parabolé)"*, heißt es mehrfach in den synoptischen Evangelien. Einzelne Gattungen sind auch durch besondere **Formeln** erkennbar. So wird die Beauftragung eines Propheten häufig eingeleitet durch

---

24 Gerhard Lohfink: Jetzt verstehe ich die Bibel. Sachbuch zur Formkritik, Verlag Katholisches Bibelwerk: Stuttgart 1973/1992, S. 147.

die „Wortereignisformel": „Das Wort des Herrn erging an …"; das prophetische Gerichtswort beginnt häufig mit der „Botenspruchformel": „So spricht Jahwe …". Findet man solche typischen Gestaltungsmittel in einem Bibeltext, lässt er sich relativ leicht einer Gattung zuweisen und mit ähnlichen Texten vergleichen.

Gerade an solchen Formeln lassen sich oft noch die ursprünglichen Verwendungszusammenhänge biblischer Texte ablesen. Der Alttestamentler Hermann Gunkel (1862–1932) hat für die typische Verwendung einer Textgattung im Volksleben der Israeliten den Begriff **„Sitz im Leben"** geprägt: Das Siegeslied wird beim Einzug des Heeres in die Stadt gesungen; das Leichenlied hat seinen Platz an der Bahre eines Toten; der Rechtsspruch wird beim Gericht im Stadttor verkündet; der Prophetenspruch ertönt im Vorhof des Tempels; ein Hymnus wie Psalm 150 erklingt bei festlichen Gelegenheiten im Tempel. Diese **sozialen Situationen** lassen sich noch gut aus den Texten erkennen; sie sind wichtig, wenn man die **Intention** der Texte richtig deuten will. Allerdings kann es im Laufe der Zeit auch zu Veränderungen bei der Verwendung von Texten kommen: Sie können aus ihrem ursprünglichen Zusammenhang herausgenommen werden (z. B. bei der Verwendung der Psalmen im christlichen Gottesdienst) oder sogar parodistisch verwendet werden (z. B. ist Jes 14 der äußeren Form nach ein Leichenklagelied, der Intention nach aber ein Spottlied auf den König von Babel). Hier gilt es, besonders gut auf die Wechselwirkung von Gattung und Aussage zu achten.

3.5 Motivkritik: Die Bibel im kulturellen Umfeld

Durch die **archäologischen Ausgrabungen** im 19. und 20. Jahrhundert wurde eine Vielzahl von Bildern, Texten und Gegenständen ans Tageslicht gebracht, die auch die biblischen Texte in ein neues Licht rückten. Die Bibelwissenschaftler verwenden diese Funde zwar nicht als Wahrheitsbeweis im Sinne des Bestsellers „Und die Bibel hat doch recht". Sie greifen aber gerne darauf zurück, um bestimmte **„Motive"** (geprägte Elemente) eines Bibeltextes besser zu verstehen.

Das Material für diesen **religionsgeschichtlichen Vergleich** ist nahezu unerschöpflich: Zunächst sind es **Texte** aus der altorientalischen Umwelt (Ägypten, Mesopotamien, Syrien), die oftmals erstaunliche Parallelen zur biblischen Überlieferung enthalten. So ist die Sintfluterzählung z. B. auch in dem „Gilgamesch-Epos" aus dem 12. Jahrhundert v. Chr. enthalten, das in Keilschrift auf zwölf Tontafeln aufgezeichnet in der Bibliothek des Königs Assurbanipal von Ninive gefunden wurde. Der Held der Sintflut wird dort von Ea, dem Gott der Weisheit, beauftragt:

1 Eine Sintflut zu machen beschlossen die großen Götter. [...]
 Reiße das Haus ab (und) erbaue ein Schiff,
 Lass fahren den Besitz, kümmere dich um das Dasein,
 Gib das Gut hin, sichere das Leben,
5 Nimm ins Schiff allerlei Lebewesen!
 Das Schiff (betreffend), das du bauen sollst –
 Seine Maße seien wohlberechnet,
 Breite und Länge sollen gleichbemessen sein [...]
 Ich ließ meine ganze Familie und Sippe ins Schiff gehen.
10 Vieh des Feldes, Wild und alle Handwerksmeister lud ich ein. [...]
 Das Wetter war furchtbar anzusehen –
 Da trat ich ins Schiff und schloss mein Tor [...]
 Sechs (?) Tage und sieben Nächte
 Hält an der Orkan, macht eben der Südsturm das Land.
15 (Erst) als der siebente Tag herankam, hielt der Südsturm die Flut, das Rasen auf [...]
 Am Berge Nisir legte das Schiff an. [...]
 Als der siebente Tag herankam, sandte ich eine Taube aus, ließ sie frei –
 Die Taube flog weg, kam aber wieder,
 Kein Rastplatz fiel ihr ins Auge, daher kehrte sie zurück. [...]
20 Da sandte ich einen Raben aus, ließ ihn frei,
 Der Rabe flog weg, sah, dass sich die Wasser (nun) verlaufen hatten,
 Fand Fraß, flatterte umher (?), krächzte (?) und kehrte nicht mehr zurück.
 Da ließ ich (alle) hinausgehen in die vier Winde, brachte ein Opfer dar [...]
 Die Götter rochen den süßen Duft,
25 Wie Fliegen scharten sich die Götter um den Opfernden.

Bei der Sintfluterzählung Gen 6–9 lässt sich das **literarische Vorbild** noch bis in einzelne Erzählmotive hinein erkennen: Anweisungen für den Schiffsbau, Aufnahme der Familie und der Tiere ins Schiff, Zeitangaben, Ansteigen der Flut, Anlegen am Berg, Aussenden von Rabe und Taube, Opfer. Vor dem Hintergrund dieser Gemeinsamkeiten treten dann aber auch die **Unterschiede** deutlicher hervor: So fehlt im Gilgamesch-Epos vor allem eine **ethische Begründung** für das Kommen der Flut, wie sie in der alttestamentlichen Fassung die „Bosheit" der Menschen bzw. die „Gewalttat" auf Erden darstellt. Außerdem ist das Geschehen aus dem polytheistischen Zusammenhang (Glaube an mehrere Götter) in einen monotheistischen Zusammenhang (Glaube an nur einen Gott) übertragen worden; dabei bekommt die Beziehung zwischen dem Gott Jahwe und dem einzig gerechten Menschen Noach eine besondere Bedeutung.

Hilfreich zum Verständnis einzelner Motive in biblischen Texten sind vor allem auch **Bilder** aus dem altorientalischen Umfeld. Besonders in den Psalmen begegnen manchmal befremdliche Motive, die durch ihre Herkunft aus der altorientalischen **Königsideologie** erklärt werden können. So heißt es in Ps 110,1: „Es sprach Jahwe zu meinem Herrn: Setze dich zu meiner Rechten, bis ich mache deine Feinde zum Schemel deiner Füße." Dieses ungewohnte Bild wird anschaulicher, wenn man entsprechende Darstellungen aus Ägypten heranzieht: Hier wird der Pharao mit neun Feinden – symbolisch für neun unterworfene

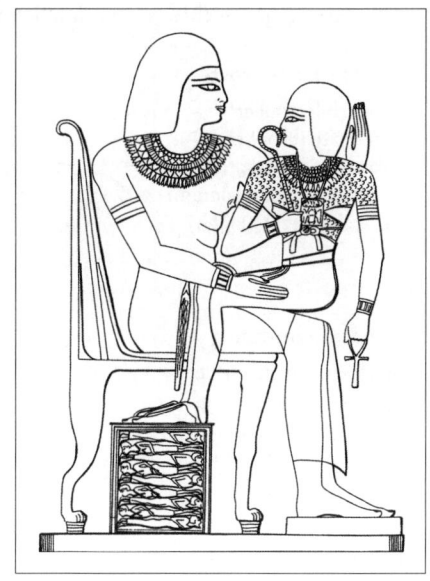

Völker – als Fußschemel gezeigt. Aus dem ägyptischen Krönungsritual ist das Bild auf die Einsetzung des israelitischen Königs übertragen worden. Im Neuen Testament wendet Jesus das Psalmwort auf den erwarteten Messias an (Mk 12, 35 f.); die christliche Gemeinde bezieht es auf Jesus selbst (vgl. die Pfingstpredigt des Petrus Apg 2, 34–36).

3.6 Redaktionskritik: Die Arbeit der Sammler und Redaktoren

Die Redaktionskritik ist eine verfeinerte Literarkritik: Hat man die verschiedenen literarischen Schichten eines Textes abgegrenzt, so kann man nach dem besonderen Beitrag der verschiedenen **Sammler und Bearbeiter der Überlieferungen** fragen. Diese anonymen Schriftsteller werden **„Redaktoren"** genannt, da sie die vorliegenden Texte „redigiert" (überarbeitet) haben. Bezogen auf die verschiedenen Entstehungsphasen einer biblischen Schrift konnte dies mehrfach geschehen:

Überlieferungsgeschichte: Vom mündlichen Einzelwort zur Bibel

1. Phase: Einzelworte

mündlich formulierte Einzeltexte (Propheten-worte, Weisheitssprüche, Rechtssätze, Kultpsalmen, Patriarchenerzählungen)

2. Phase: Sammlung

mündlich oder schriftlich überlieferte Sammlungen von Einzeltexten (z. B. Worte des Propheten Amos)

3. Phase: Einzelschrift

Komposition einer alttestamentlichen Einzelschrift (z. B. das Buch Amos)

4. Phase: Gesamtschrift

Einfügung in ein größeres alttestamentliches Literaturwerk (z. B. das „Zwölfprophetenbuch")

5. Phase: hebräische Bibel

Aufnahme in die hebräische Bibel

6. Phase: christliche Bibel

Aufnahme (als Altes Testament) in die christliche Bibel

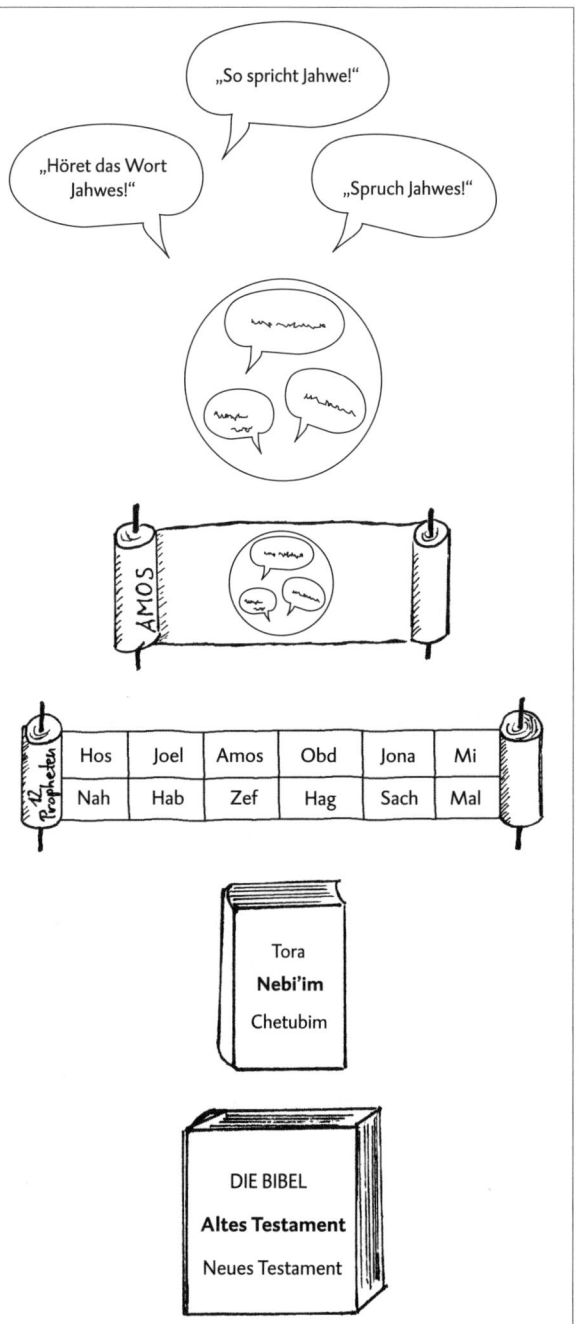

Die Arbeit der Redaktoren wurde von der 2. bis zur 4. Phase der Überlieferung wirksam: In der späten Phase beschränkte sich die Leistung der Redaktoren vielleicht nur noch darauf, das Buch mit einer Überschrift zu versehen (z. B. Amos 1,1: „Die Worte, die Amos, ein Schafzüchter aus Tekoa, in Visionen über Israel gehört hat"). In den früheren Phasen aber ordneten die Redaktoren die Texte an, überarbeiteten sie und schrieben kommentierende Zusätze.

Die **Leistung der Redaktoren** im Einzelnen herauszuarbeiten, ist eine mühevolle, aber spannende Aufgabe für die Bibelwissenschaftler. Hilfreich dabei können bestimmte „Lieblingsausdrücke" einzelner biblischer Autoren sein: So gebraucht z. B. die Priesterschrift für das Bundesverhältnis zwischen Jahwe und seinem Volk immer die Wendung „einen Bund aufrichten" und vermeidet den Ausdruck „einen Bund schließen"; nach der **theologischen Idee** der Priesterschrift ist es nämlich ein von Jahwe geschenkter Bund und kein Vertragsbund mit wechselseitigen Rechten und Pflichten. Ein anderes Beispiel ist die Technik eines Sammlers von Rettergeschichten aus der Frühzeit Israels, die im Buch der Richter zusammengefasst sind. Dieser Redaktor leitet ganz unterschiedliche Rettergeschichten stereotyp ein mit dem Satz: „Und wiederum taten die Israeliten, was dem Herrn missfiel." Auf diese Weise bringt er die Einzelerzählungen in ein einheitliches **theologisches Schema;** sie dienen nun als Beispielgeschichten für das geschichtstheologische Modell der „deuteronomistischen Schule": Abfall von Gott – Strafe – Hilferuf – Umkehr – Rettung – Friede im Land.

Exkurs: Der synoptische Vergleich

Ein **Spezialfall der Redaktionskritik** liegt beim „synoptischen Vergleich" zwischen den Evangelien nach Matthäus, Markus und Lukas vor. Diese drei Evangelien ähneln sich in Aufbau und Inhalt so sehr, dass ihre „Zusammenschau" (griech. *synopsis*) möglich ist. Als Erklärung für diese Ähnlichkeit dient heute meistens die **„Zwei-Quellen-Theorie":** Matthäus und Lukas haben unabhängig voneinander als Quelle das Markusevangelium benutzt; als zweite Quelle lag ihnen eine Sammlung von Jesus-Worten vor, die so genannte „Logienquelle" (von griech. *logos:* Wort, Ausspruch), die aber nicht erhalten geblieben ist. Zusätzlich haben Matthäus und Lukas noch eigenes Material verarbeitet, ihr jeweiliges „Sondergut".

Schema zur Zwei-Quellen-Theorie

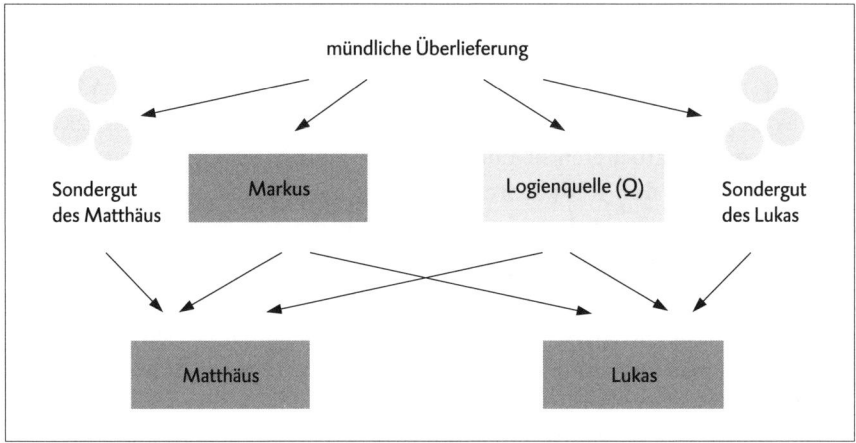

Spannend ist nun die Frage, welche Veränderungen oder Ergänzungen Matthäus und Lukas gegenüber ihrer gemeinsamen Vorlage vorgenommen haben: Daran lassen sich besondere **Schwerpunkte** erkennen, die die einzelnen Evangelisten setzen wollten. Ein Beispiel dafür ist die Taufe Jesu durch Johannes:[25]

Mt 3,13 Da kommt Jesus aus Galiläa an den Jordan zu Johannes, um sich von ihm taufen zu lassen.	Mk 1,9 Und es begab sich in jenen Tagen, dass Jesus aus Nazaret in Galiläa kam	Lk 3,21 Es begab sich aber, als alles Volk sich taufen ließ
14 Der aber wollte es ihm wehren und sagte: Ich habe nötig, mich von dir taufen zu lassen, und du kommst zu mir?		
15 Doch Jesus antwortete und sprach zu ihm: Lass es jetzt zu; denn so gebührt es uns, alle Gerechtigkeit zu erfüllen. Da ließ er es ihm zu.		
16 Als aber Jesus getauft worden war, stieg er alsbald aus dem Wasser; und siehe, die Himmel taten sich auf, und er sah den Geist Gottes wie eine Taube herabschweben und auf ihn kommen.	und sich von Johannes im Jordan taufen ließ. 10 Und sobald er aus dem Wasser stieg, sah er die Himmel sich öffnen und den Geist wie eine Taube auf sich herabschweben.	und auch Jesus getauft worden war und betete, da tat sich der Himmel auf 22 und der heilige Geist schwebte in leiblicher Gestalt wie eine Taube auf ihn herab

---

25 Auch das Johannes-Evangelium enthält eine Darstellung der Taufe Jesu. Sie ist deutlich anders gestaltet und bleibt hier unberücksichtigt.

17 Und siehe, eine Stimme aus den Himmeln sprach: „Dies ist mein geliebter Sohn, an dem ich Wohlgefallen habe."	11 Und eine Stimme erscholl aus den Himmeln: „Du bist mein geliebter Sohn, an dir habe ich Wohlgefallen gefunden."	und aus dem Himmel erscholl eine Stimme: „Du bist mein geliebter Sohn, an dir habe ich Wohlgefallen gefunden."

Gemeinsam berichten alle drei Synoptiker, dass Jesus getauft wird und ihn eine Stimme vom Himmel als „geliebten Sohn" bezeichnet. Im Einzelnen unterscheiden sich die drei Fassungen der Taufe Jesu aber deutlich:

- Nur *Markus* gibt eine genauere Zeit- und Ortsangabe: „in jenen Tagen", „aus Nazaret in Galiläa".

- *Matthäus* stellt der Taufe Jesu ein Gespräch zwischen Jesus und Johannes voran, in dem Johannes erst überzeugt werden muss, der Taufe Jesu zuzustimmen.

- *Lukas* fasst das gesamte Taufgeschehen in nur einem Satz zusammen. Er erwähnt nicht einmal, dass es Johannes ist, der Jesus tauft; Hintergrund dafür ist die Komposition des Lukas, nach der Johannes unmittelbar zuvor schon von Herodes ins Gefängnis geworfen worden ist (Lk 3,20).

- Bei *Markus* und *Matthäus* ist das Öffnen des Himmels und das Herabschweben des Geistes subjektive Wahrnehmung Jesu; bei *Lukas* ist das Ereignis objektiviert: Der Geist kommt sichtbar „in leiblicher Gestalt" einer Taube herab.

- Der herabkommende Geist wird unterschiedlich bezeichnet: Bei *Markus* ist er ohne nähere Bestimmung, bei *Matthäus* heißt er „Geist Gottes", bei *Lukas* „heiliger Geist".

- Bei *Markus* und *Lukas* redet die Stimme Jesus direkt an; bei *Matthäus* ergeht die Verkündigung an die Anwesenden: „Dies ist mein geliebter Sohn."

Die Unterschiede erklären sich teilweise aus der Gesamtkomposition der drei Evangelien, teilweise aus theologischen Gründen: Da das Markus-Evangelium keine Kindheitsgeschichte Jesu enthält, sondern gleich mit Johannes dem Täufer beginnt, tritt Jesus bei der Taufe durch Johannes zum ersten Mal als handelnde Person auf. Die Herkunftsangabe „aus Nazaret in Galiläa" ist daher unerlässlich. Für Matthäus und Lukas war es hingegen ein theologisches Problem, dass sich Jesus von Johannes taufen ließ und dass nicht umgekehrt Jesus den „geringeren" Johannes taufte. Matthäus löst dieses Problem durch das vorangestellte Gespräch zwischen dem Täufer und Jesus. Lukas spitzt dagegen das gesamte Taufgeschehen auf die Verkündigungsstimme vom Himmel zu.

Die Bezeichnung des Gottesgeistes als „heiliger Geist" entspricht ebenfalls spezieller lukanischer Ausdrucksweise. So bearbeiten Matthäus und Lukas die Markus-Vorlage auf eigene Art und Weise.

Wenn man die Zwei-Quellen-Theorie voraussetzt, lässt sich das Verhältnis von **Tradition** und **Redaktion** bei den Synoptikern Matthäus und Lukas noch relativ einfach bestimmen. Schwieriger wird es, wenn man auch beim Markusevangelium oder bei den paulinischen Briefen nach der literarischen Eigenleistung des biblischen Autors fragt. Dabei können mit den Methoden der **Gattungskritik** einfachere Gattungen isoliert werden: So enthalten die Paulusbriefe ältere christliche Bekenntnisformeln (z. B. 1 Kor 15, 3–5) oder frühchristliche Hymnen (z. B. Phil 2, 6–11), die von Paulus in einen neuen Zusammenhang gebracht und interpretiert werden.

Zusammenfassung: Historisch-kritische Methoden

Die **Textkritik** fragt nach dem **ursprünglichen Bibeltext.** Aufgrund der äußeren Bezeugung durch die ältesten **Handschriften** und der inneren Wahrscheinlichkeit versucht sie, dem ursprünglichen Wortlaut möglichst nahe zu kommen.

Die **Literarkritik** setzt sich mit erzählerischen **Spannungen** und **Doppelungen** auseinander. Sie grenzt verschiedene **Entstehungsschichten** in biblischen Texten ab und ordnet sie unterschiedlichen Quellen (z. B. den Pentateuchquellen) zu.

Die **Formkritik** liest den Text mit den Augen eines Literaturwissenschaftlers. Sie beschreibt die **individuelle Gestalt eines Einzeltextes** und deckt so seine besonderen Ausdrucksmittel und poetischen Qualitäten auf.

Die **Gattungskritik** fragt nach **typischen Redeformen** der Bibel. Sie ordnet den Text einer Gattung zu und versucht, seine Intention in Verbindung mit seinem Sitz im Leben zu bestimmen.

Die **Motivkritik** bezieht die **kulturelle Umwelt** der Bibel mit ein: Sie betrachtet Texte und Bilder aus dem altorientalischen und hellenistischen Kulturkreis, um durch den **religionsgeschichtlichen Vergleich** bestimmte biblische Motive besser erklären zu können.

Die **Redaktionskritik** fragt nach der spezifischen Leistung der einzelnen **Sammler und Bearbeiter** der Überlieferungen. Sie unterscheidet Tradition und Redaktion in den Texten und arbeitet z. B. beim **synoptischen Vergleich** die besonderen Akzente der einzelnen Evangelisten heraus.

4 Zentrale Texte des Alten Testaments

Das Alte Testament ist so umfangreich, dass man die Vielfalt seiner 46 Bücher in einem knappen Überblick nicht ausloten kann. Hier sollen einige zentrale Texte aus der Gesamtheit der Geschichtsbücher, der Weisheitsbücher und der prophetischen Bücher herausgegriffen werden, die für die christliche Glaubensgemeinschaft in besonderer Weise wichtig geworden sind und in verschiedenen theologischen Zusammenhängen eine Rolle spielen.

4.1 Genesis – Vom Ursprung der Welt und der Menschen

„Im Anfang schuf Gott Himmel und Erde" – so beginnt die jüdische und christliche Bibel mit der Erschaffung des Lebensraums und der Lebewesen durch Gott. Diese „Genesis" (Entstehung) der Welt und der Menschen wird in Gen 1–3 auf zweifache Weise entfaltet: zunächst in der Abfolge der verschiedenen Schöpfungswerke, dann in der Erzählung der Erschaffung von Mann und Frau und dem Leben des Menschen im „Garten Eden".

GENESIS בְּרֵאשִׁית

[ס] 1 בְּרֵאשִׁית בָּרָא אֱלֹהִים אֵת הַשָּׁמַיִם וְאֵת הָאָרֶץ: 2 וְהָאָרֶץ הָיְתָה תֹהוּ וָבֹהוּ וְחֹשֶׁךְ עַל־פְּנֵי תְהוֹם וְרוּחַ אֱלֹהִים מְרַחֶפֶת עַל־פְּנֵי הַמָּיִם: 3 וַיֹּאמֶר אֱלֹהִים יְהִי אוֹר וַיְהִי־אוֹר:

Der Anfang der hebräischen Bibel

Die **erste Schöpfungsdarstellung** (Gen 1,1–2,4a) bildet den Anfang der um 550 v. Chr. im Babylonischen Exil[26] entstandenen **Priesterschrift**. Dies zeigen die **Literar- und Redaktionskritik**. Die **Formkritik** beschreibt den klar gegliederten Aufbau dieses Textes. Die Schöpfungswerke sind eingefügt in ein Schema von sieben Tagen:

---

26 Zum Babylonischen Exil siehe Fn. 22.

1. Tag: Erschaffung des Lichts; Scheidung zwischen Licht und Finsternis; Benennung von Tag und Nacht. (1)

2. Tag: Erschaffung des Himmelsgewölbes; Scheidung zwischen Wasser oberhalb und unterhalb des Gewölbes; Benennung des Himmels. (2)

3. Tag: Trennung zwischen Wasser und Trockenem; Benennung von Erde und Meer. (3)
Erschaffung von Samen tragenden Grünpflanzen und Fruchtbäumen. (4)

4. Tag: Erschaffung von Lichtern am Himmel zur Herrschaft über Tag und Nacht. (5)

5. Tag: Erschaffung der Wassertiere und der Vögel; Segen und Vermehrungsauftrag. (6)

6. Tag: Erschaffung von Vieh, Kriechtieren und Wildtieren. (7)
Erschaffung des Menschen (Mann und Frau) als Gottes Ebenbild; Segen, Vermehrungsauftrag und Herrschaftsauftrag. (8)

7. Tag: Vollendung der Schöpfung; Ruhetag.

Eingeschoben ist mehrfach nach Art eines **Refrains** die göttliche Billigungsformel: „Und Gott sah, dass es gut war"; am Ende des sechsten Tages heißt es sogar über alles Geschaffene: „Und siehe, es war sehr gut!" Insgesamt sind acht Schöpfungstaten Gottes auf sechs Tage verteilt; daran kann man noch erkennen, dass das Schema der Priesterschrift mit der göttlichen Ruhe am siebten Tag wohl erst nachträglich angewendet worden ist: Den priesterlichen Autoren lag sehr viel daran, die **Sabbatruhe** schon in der Schöpfung selbst zu begründen. Wegen des strophenartigen Aufbaus sprechen manche Exegeten auch von der **Gattung** „Schöpfungslied"; allerdings fehlen die Merkmale, die sonst für die hebräische Poesie typisch sind, vor allem der Parallelismus zweier aufeinander folgender Teilsätze.

Ein grundlegendes **Missverständnis** erschwert noch heute manchen Menschen das Verständnis der biblischen Schöpfungsgeschichte: Lange Zeit wurde sie als objektiver **„Schöpfungsbericht"** gelesen, als ein Protokoll, wie es bei der Schöpfung zugegangen sei. Diese Betrachtungsweise führt dann in der Neuzeit zu unaufhebbaren Widersprüchen zwischen biblischem und physikalischem Weltbild.[27] Der „Fall Galilei" – wie er durch Bertolt Brechts „Leben des

---

27 Vgl. ausführlicher dazu Abitur-Wissen Religion: Glaube und Naturwissenschaft von Dittmar Werner, Stark Verlag: Freising 1999.

Galilei" populär geworden ist – steht für diese Auseinandersetzung zwischen kirchlicher und naturwissenschaftlicher Erkenntnismethode zu Beginn des 17. Jahrhunderts. Noch tiefer greifend war die Erschütterung des menschlichen Selbstbewusstseins durch die Evolutionstheorie Charles Darwins im 19. Jahrhundert: Wenn der Mensch nicht durch einen einmaligen göttlichen Schöpfungsakt, sondern im Laufe von Jahrmillionen durch allmähliche Entwicklung aus primitivsten Lebensformen entstanden ist, ist seine einzigartige Stellung als „Krone der Schöpfung" gefährdet.

Die **Bibelhermeneutik** zeigt uns jedoch, dass unser heutiger Verstehenshorizont der Schöpfungstexte ein anderer ist als der vor 2500 Jahren: Der Gegensatz zwischen naturwissenschaftlich-rationaler und religiös-mythischer Welterklärung war den Verfassern der Priesterschrift noch gar nicht bewusst. Dafür grenzen sie sich von babylonischen Schöpfungsmythen ab und geben Antworten auf Fragen, die uns heute selbstverständlich erscheinen: Gibt es verschiedene Gottheiten oder gibt es nur einen Gott? War dieser Gott schon immer da oder ist er auch einmal entstanden wie die babylonischen Götter? Sind die Gestirne Gottheiten oder sind sie lediglich „Leuchtkörper" am Himmel? Welche Stellung hat der Mensch in der Schöpfung? Ist die Welt insgesamt als gut oder als schlecht zu beurteilen?

Diese Fragen treten erst durch die **Motivkritik** deutlich hervor: Die Priesterschrift greift nämlich Motive auf, die auch schon in dem babylonischen Schöpfungsmythos „Enuma Elisch" vorkamen. Anders als die Babylonier glauben, gibt es nur *einen* Gott, dessen Existenz vor der Weltschöpfung vorausgesetzt wird. Die Welt ist nicht durch die Tötung und Teilung des Urdrachens „Tiamat" entstanden, sondern durch das souveräne und ordnende Schöpfungswort Gottes. Die Gestirne sind nicht Erscheinungen der Götter, sondern lediglich „Leuchtkörper" am Himmel. Die Menschen sind nicht aus dem Blut eines aufrührerischen Gottes geformt worden, sondern als „Bild Gottes" geschaffen. Der Schöpfung wohnt nicht ein zerstörerisches Moment inne, sondern sie ist als ganze „sehr gut" geschaffen! Damit grenzt sich die Priesterschrift von babylonischen Schöpfungsvorstellungen ab und entwirft in der Not des Babylonischen Exils das Gegenbild einer von Gott wohlgeordneten Welt.

Zwei **theologische Begriffe** aus der Schöpfungsdarstellung der Priesterschrift sind in jüngerer Zeit bedeutsam geworden: Zum einen ist es die Vorstellung der „Gottebenbildlichkeit" des Menschen, zum anderen der Herrschaftsauftrag an den Menschen („Macht euch die Erde untertan"). Die Vorstellung von der **Gottebenbildlichkeit des Königs** begegnet schon in Ägypten und Assyrien; die Priesterschrift wendet sie auf *alle* Menschen an. Was die Vorstellung genau bedeutet, ist aber umstritten: Geht man vom Zusammenhang der priesterschriftlichen Schöpfungsgeschichte aus, bedeutet „Gottebenbildlichkeit" lediglich, dass der Mensch stellvertretend für Gott über die Tiere herrschen soll. Eine weiter reichende Interpretation sieht in der Gottebenbildlichkeit die besondere Würde des Menschen begründet und leitet davon sogar die Menschenrechte ab.[28] – Der **Herrschaftsauftrag** an den Menschen ist im 20. Jahrhundert durch die grundlegende Gefährdung der Umwelt fragwürdig

Der dem schwächeren Tier aufgestemmte Fuß drückt die „Herrschaft" des Menschen aus. Diese besteht aber auch in der Verteidigung gegen den angreifenden Löwen.

geworden: Hat die Umweltkrise ihren Ursprung schon in der Bibel? Hier weisen Alttestamentler darauf hin, dass die rationale Naturbeherrschung viel eher den Vorstellungen der griechischen Philosophie als der altorientalischen Denkweise entspringt: Die „Herrschaft" über die Erde schließt nämlich das fürsorgliche Bewahren der Schöpfung ausdrücklich mit ein![29]

Die **zweite Schöpfungsdarstellung** der Genesis (Gen 2,4b–25) geht auf ältere Jerusalemer Traditionen zurück; wegen der Verwendung des Gottesnamens „Jahwe" wird sie dem **Jahwisten** zugeschrieben. Sie ist von den Redaktoren des Pentateuchs hinter die Schöpfungsgeschichte der Priesterschrift gestellt worden, da sie als detaillierte Ausführung verstanden wurde, wie es bei der Erschaffung des Menschen (vgl. Gen 1,27) denn nun genau zugegangen sei. Der Mensch (hebr. *adám:* Erdling) wird von Gott aus Erde vom Ackerboden (hebr. *adamáh*) geformt und mit dem Lebensatem behaucht. Die **geschlechtliche Differenzierung** des Menschen in Mann und Frau findet erst im Nachhinein statt: Nachdem der Mensch unter den Tieren keine ihm entsprechende

28 Kritisch zu dieser Ausweitung äußert sich Walter Groß: Die Gottebenbildlichkeit des Menschen im Kontext der Priesterschrift, Theologische Quartalschrift 161 (1981), S. 244–264.
29 Das betont besonders der Alttestamentler Erich Zenger in seinem Buch „Gottes Bogen in den Wolken. Untersuchungen zu Komposition und Theologie der priesterschriftlichen Urgeschichte", Stuttgart 1983.

Hilfe gefunden hat, bildet Gott die Frau aus einer Rippe des Menschen und führt sie ihm zu: „Das endlich ist Bein von meinem Bein und Fleisch von meinem Fleisch. Frau *(ischáh)* soll sie heißen, denn vom Mann *(isch)* ist sie genommen" (Gen 2,23). Der Jahwist begründet mit diesem Ursprung der Frau auch das Verlangen des Menschen nach sexueller Vereinigung: „Darum verlässt der Mann Vater und Mutter und bindet sich an seine Frau, und sie werden *ein* Fleisch" (Gen 2,24).

Diese Schöpfungsdarstellung antwortet also auf andere Fragen als die Priesterschrift: Dem Jahwisten kam es zunächst auf die Verbindung des Menschen mit dem **Ackerboden** an; darauf greift er auch in der Erzählung vom Sündenfall wieder zurück: „Im Schweiße deines Angesichts sollst du dein Brot essen, bis du zurückkehrst zum Ackerboden; von ihm bist du ja genommen" (Gen 3, 19). Ferner geht es ihm um die einzigartige Zusammengehörigkeit von **Mann und Frau:** Da er sich den Urmenschen nicht als Zwitterwesen vorstellen kann – wie es ein griechischer Schöpfungsmythos (bei Platon) tut –, leitet er die Frau aus „Bein und Fleisch" des Mannes ab. Freilich enthält die Schöpfungsgeschichte des Jahwisten auch die Gefahr einer Abwertung der Frau. Hier kann die priesterschriftliche Darstellung (Mann und Frau gleichermaßen als Bild Gottes geschaffen) korrigierend wirken.

Zusammenfassung: Genesis – Vom Ursprung der Welt und der Menschen

Die Schöpfungserzählungen der Genesis sind **Ursprungsgeschichten** über die Stellung des Menschen zu Gott und zur Welt. Sie sind keine objektiven Berichte, sondern **theologische Erzählungen** in der Glaubenstradition Israels.

Sie grenzen sich von den Schöpfungsmythen umliegender Völker ab und datieren **Grundlagen** des Glaubens auf den Anfang der Welt zurück: Die Welt ist von Gott her wohlgeordnet; der Mensch hat seinen Platz als „Ebenbild Gottes" und Bewahrer der Schöpfung; Mann und Frau sind füreinander geschaffen.

4.2   Exodus – Ein Gott der Befreiung

Das Buch Genesis führt erzählerisch von den Anfängen der Welt über die Geschichte der Patriarchen Abraham, Isaak und Jakob bis hin zur Verschleppung Josefs nach Ägypten und der dortigen Ansiedelung Jakobs und seiner zwölf Söhne. Mit dem Buch Exodus („Auszug") beginnt die **Geschichte des Mose,** der das Volk Israel aus der Sklaverei in Ägypten zurückführt in das Land Kanaan. Mose bleibt die Hauptfigur für die weiteren Bücher des Pentateuch.

Der Exodus, die Befreiung aus Ägypten, ist die **Grunderfahrung Israels** mit seinem Gott Jahwe. Israel erfährt Jahwe als den, der für sein Volk da ist; daher deutet es auch den Gottesnamen „Jahwe" als *„Ich-bin-da"* (in Anlehnung an das ähnlich klingende hebräische Verb für *da-sein*, vgl. Ex 3,14).[30] Die Befreiungserfahrung des Exodus wird in verschiedenen Texten der Bibel immer wieder neu erzählt: Kern ist die wunderbare Errettung der Israeliten am „Schilfmeer" auf der Flucht vor den Truppen des Pharao. Die Erinnerung daran ist erweitert worden durch die Erzählung von den ägyptischen Plagen (z. B. Frösche, Viehseuche, Hagel, Heuschrecken, Tod des Erstgeborenen) und durch die Legende vom Ursprung des Paschafestes.

Sinainomaden, dargestellt im ägyptischen Tempel von Karnak.

Historisch geht die Erzählung vom Auszug aus Ägypten auf die Befreiungserfahrung einer kleineren Gruppe von Halbnomaden zurück, die unter Ramses II. (1290–1224) Frondienste leisten mussten und denen es gelang, unter Führung eines gewissen Mose den ägyptischen Aufsehern zu entkommen. Dass es solche Vorfälle im Ägypten des 13. Jahrhunderts v. Chr. gab, wird durch ägyptische Inschriften aus dieser Zeit bestätigt. Damit bekommen die

---

30 Die ursprüngliche Bedeutung des Gottesnamens „Jahwe" ist umstritten. Aus Furcht vor einer missbräuchlichen Verwendung (vgl. die Zehn Gebote) sprachen die Juden den Namen später nicht mehr aus und lasen stattdessen *adonai:* „Herr".

Exodusereignisse eine historische Plausibilität, wohingegen sich die Historizität des „Meerwunders" nicht beweisen lässt.

1 Als Auslösersituation des Exodus gibt
Ex 1,11 an: „Die Israeliten mussten für
den Pharao die Vorratsstädte Pitom und
Ramses bauen." [...] Da der Ausbau der
5 Ramses-Stadt durch Ramses II., aber
auch die damit verbundenen Arbeiten
am Unterlauf des Pelusischen Nilarmes
ein Heer von Arbeitskräften erforderte,
ist die in Ex 1,11 gegebene Schilderung
10 durchaus vorstellbar. Zugleich wäre damit das 13. Jahrhundert v. Chr. als zeitlicher Rahmen grob abgesteckt. [...] Die
spätere Exodus-Gruppe könnte sich
durchaus aus Menschen rekrutiert haben, die die pharaonische Staatsideologie und ihre konkreten belastenden Konsequenzen für die Unterschichten nicht
mehr ertragen wollten. [...] Dass es sich
dabei vor allem um Angehörige von
20 Nomadenstämmen handelte, die von
der Sinaihalbinsel in das östliche Nildelta eingedrungen oder eingewandert
waren und dort schließlich zum Ausbau
der Ramses-Stadt, zur Ausschachtung
25 des Pelusischen Nilarmes und zur staatlichen Bewirtschaftung der Felder gezwungen wurden, ist gut denkbar. [...]
Nach der biblischen Tradition geht die
Initiative zu der Flucht [...] von einem
30 Mann namens Mose aus. Sein ägyptischer Name wird kaum eine spätere
Erfindung sein, da man dann eher einen
genuin israelitischen Namen gewählt
hätte. [...] Das risikoreiche Unternehmen gelingt trotz der Wachposten auf
den Fürstenmauern, nicht zuletzt auch
weil die Gruppe aufgrund besonderer
Wegkenntnis das Sumpfgebiet an der
Grenze geschickt passiert, während die
40 Grenzposten die Verfolgung bald aufgeben müssen. Als Ziel der Flucht sind
zunächst übliche Lagerplätze der Sinainomaden denkbar; spätestens um 1100
sind aber Nachfahren dieser Exodus-
45 Gruppe nach Palästina eingedrungen.

*Erich Zenger: Der Gott der Bibel, S. 85–87, 93,
97 f., 100.*

Ausführlich erzählt wird die **Rettung Israels am Schilfmeer** in Ex 13–14.
Wie die Literar- und Redaktionskritik zeigt, sind hier mindestens zwei ursprünglich selbstständige Erzählungen zusammengearbeitet worden: In der
älteren Darstellung sind die Akteure Jahwe, Ägypten und Israel. Danach tut
es den Ägyptern Leid, dass sie die Israeliten haben ziehen lassen; sie jagen
ihnen nach und holen sie ein, während sie am Meer lagern. Die Israeliten
schreien zu Jahwe, der sie auffordert ruhig zu bleiben und verspricht, für sie zu
kämpfen. In der Nacht treibt Jahwe das Meer durch einen starken Ostwind fort
und lässt es am Morgen in sein Bett zurückkehren, während die Ägypter aus
Schrecken vor Jahwe dem Wasser entgegeneilen. Ein Durchzug der Israeliten
durch das Meer findet nach dieser Fassung nicht statt; die Israeliten sehen vom
Ufer aus passiv dem Untergang der Ägypter zu. Durch das Ereignis lernen sie,
Jahwe zu fürchten.

In der **jüngeren (priesterschriftlichen) Darstellung** sind die Akteure Jahwe, der Pharao und Mose; Mose kommt aber lediglich die Rolle eines Befehlsempfängers zu. Jahwe selbst verhärtet das Herz des Pharao, um sich an ihm zu verherrlichen. Mose streckt auf Geheiß Jahwes seinen Arm aus, sodass das Meer sich spaltet. Darauf ziehen die Israeliten hindurch, während das Wasser wie eine Mauer rechts und links von ihnen steht. Als der Pharao und sein Heer ihnen nachjagen, streckt Mose erneut seine Hand aus, sodass das Meer zurückkehrt und die Feinde bedeckt. Das **Wunderbare des Durchzugs** durch das Meer wird in dieser Fassung betont; angezielt ist die Gemeinde im Babylonischen Exil: Wenn Jahwe einmal sein Volk vor dem Pharao gerettet hat, so kann er Israel auch aus Babylonien erretten!

Angefügt an die zusammengesetzte Erzählung ist ein altes **Lied** von der Rettung am Schilfmeer (Ex 15,1–18), das beginnt: „Ich singe von Jahwe, denn er ist hoch erhaben; Ross und Reiter warf er ins Meer." In diesem Lied sind weitere **mythische Elemente** verarbeitet: So führt Jahwe sein Volk geradewegs durch die feindlichen Völker hindurch zum Tempelberg Zion.

Die Befreiung aus Ägypten wird zur **Grundlage des Gottesverhältnisses Israels.** So begründen die Zehn Gebote ihre Geltung mit der Erinnerung an den Exodus: „Ich bin Jahwe, dein Gott, der dich aus Ägypten geführt hat, aus dem Sklavenhaus" (Ex 20,2). Auch soziale Forderungen werden mit der Befreiung aus Ägypten begründet: „Einen Fremden sollst du nicht ausnützen oder ausbeuten, denn ihr selbst seid in Ägypten Fremde gewesen" (Ex 22,20). „Du sollst das Recht von Fremden, die Waisen sind, nicht beugen [...]. Denk daran: Als du in Ägypten Sklave warst, hat dich der Herr, dein Gott, dort freigekauft" (Dtn 24,17 f.). Im **Kult** wird die Befreiungstat Jahwes besungen:

Ps 136,1 Danket dem Herrn, denn er ist gütig,
         denn seine Huld währt ewig!
   13 Der das Schilfmeer zerschnitt in zwei Teile,
         denn seine Huld währt ewig!
   14 Und Israel hindurchführte zwischen den Wassern,
         denn seine Huld währt ewig!
   15 Und den Pharao ins Meer stürzte samt seinem Heer,
         denn seine Huld währt ewig!

In **prophetischen Texten** aus der Zeit des Babylonischen Exils wird die Befreiung aus Ägypten zum Vorbild für den bevorstehenden Exodus aus Babylonien:

Jes 43,16 So spricht der Herr, der einen Weg durchs Meer bahnt,
einen Pfad durch das gewaltige Wasser,

17 der Wagen und Rosse ausziehen lässt,
zusammen mit einem mächtigen Heer;
doch sie liegen am Boden und stehen nicht mehr auf,
sie sind erloschen und verglüht wie ein Docht.

19 Seht her, nun mache ich etwas Neues.
Schon kommt es zum Vorschein, merkt ihr es nicht?

So bildet die Befreiung aus Ägypten den Kristallisationspunkt für die **Hoffnung auf das Heilshandeln Gottes** an seinem Volk. Im altkirchlichen Osterlob wird sogar eine Brücke geschlagen zwischen dem Exodus und der Befreiung vom Tod durch die Auferstehung Christi: „Dies ist die Nacht, die unsere Väter, die Söhne Israels, aus Ägypten befreit und auf trockenem Pfad durch die Fluten des Roten Meeres geführt hat. [...] Dies ist die selige Nacht, in der Christus die Ketten des Todes zerbrach und aus der Tiefe als Sieger emporstieg."

Zusammenfassung: Exodus – Ein Gott der Befreiung

Israel erfährt seinen Gott Jahwe als den **„Ich-bin-da"**, der sein Volk begleitet und es aus der Unterdrückung befreit. Die historische Erfahrung einer kleinen Gruppe von Halbnomaden, denen die Flucht aus dem ägyptischen Arbeitsdienst gelang, wird zur Keimzelle für den **Gottesglauben Israels**. Die biblischen Texte schmücken das Exodus-Ereignis unterschiedlich aus; sie betonen aber alle: Es ist Jahwe, der Israel rettet! Die Befreiung aus der Sklaverei in Ägypten wird zur ethischen Grundlage für **soziale Pflichten** in Israel; in Unterdrückungssituationen gibt der Exodus Hoffnung auf das künftige Heilshandeln Gottes.

4.3 Dekalog – Die Eckpfeiler des religiösen und sozialen Lebens

Die Bücher der Tora enthalten eine Vielzahl von Vorschriften, die das religiöse, soziale und private Leben der Israeliten betreffen: **613 Gebote und Verbote** haben die jüdischen Gelehrten gezählt. Teilweise handelt es sich um **Speisevorschriften,** deren Ursprung für uns heute nur noch schwer nachvollziehbar ist: „Du sollst ein Zicklein nicht in der Milch seiner Mutter kochen", heißt es an drei Stellen im Alten Testament (Ex 23,19; 34,26; Dtn 14,21) – eine Vorschrift, die sich ursprünglich vielleicht gegen kanaanäische Kultbräuche richtete, später aber zur Begründung wurde, warum orthodoxe (strenggläubige) Juden Milch- und Fleischspeisen strikt trennen. Andere **ethische Vorschriften** sind für uns leichter zugänglich. Dazu gehören insbesondere die Weisungen der „Zehn Gebote", aber auch das allgemeine Gebot der **Nächstenliebe:** „Du sollst deinen Nächsten lieben wie dich selbst", heißt es nicht erst bei Jesus (z. B. Mk 12,31), sondern schon im Buch Levitikus (Lev 19,18).

Die **Zehn Gebote** (griech. *Dekalog:* Zehnwort) sind vor allem durch die lange Tradition der katechetischen Unterweisung als Grundbestand christlicher Ethik bekannt. Meist werden sie als Liste kurzer Merksätze aufgezählt:

Ich bin der Herr, dein Gott.
1. Du sollst keine anderen Götter neben mir haben!
2. Du sollst den Namen Gottes nicht verunehren!
3. Gedenke, dass du den Sabbat heiligst!
4. Du sollst Vater und Mutter ehren!
5. Du sollst nicht töten!
6. Du sollst nicht ehebrechen!
7. Du sollst nicht stehlen!
8. Du sollst kein falsches Zeugnis geben wider deinen Nächsten!
9. Du sollst nicht begehren deines Nächsten Frau!
10. Du sollst nicht begehren deines Nächsten Hab und Gut!

In dieser Form begegnen die Zehn Gebote allerdings an keiner Stelle der Bibel! Vielmehr finden sich **zwei längere Fassungen des Dekalogs** im Buch Exodus (Ex 20,2–17) und im Buch Deuteronomium (Dtn 5,6–21), aus denen diese kurzen Merksätze herausgeschnitten sind. Wenn man sich die Originalfassungen des Dekalogs in der Bibel durchliest, fällt auf, dass schon die Zehnzahl der Gebote gar nicht so klar erkennbar ist. So ist z. B. das 1. Gebot noch länger ausgeführt; es verbietet auch Gottesbilder und die Anbetung fremder Götter. Das 3. Gebot ist durch eine ausführliche Begründung des Sabbats erweitert; in Ex 20 ist diese Begründung aber wiederum anders als in Dtn 5. Das 9. und 10. Gebot finden sich in dieser Reihenfolge nur in Dtn 5; in der Fassung Ex 20 wird zunächst das Begehren des „Hauses" vorangestellt (als Oberbegriff für den gesamten Besitz des Nächsten), dann werden Frau, Sklaven, Vieh und sonstiger Besitz genannt.

Wegen dieser Uneinheitlichkeit der Originalfassungen des Dekalogs kommt es sogar dazu, dass verschiedene Religionsgemeinschaften die Zehn Gebote **unterschiedlich nummerieren:** Während die Katholiken und Lutheraner die oben angeführte Zählung verwenden, zählen die Reformierten und Orthodoxen das Bilderverbot als eigenes Gebot, fassen dann aber das 9. und 10. Gebot zu einem Gebot zusammen. Wieder anders zählen die Juden: Der Dekalogvorspruch („Ich bin der Herr, dein Gott, der dich aus Ägypten geführt hat, aus dem Sklavenhaus") wird bei ihnen als 1. Gebot aufgefasst; am Ende wird wiederum das 9. und 10. Gebot zusammengefasst. Wegen dieser unterschiedlichen Zählung kann es gelegentlich zu Missverständnissen kommen, wenn man im Gespräch mit anderen Konfessionen nur die Nummer des Gebotes nennt!

Auch nach der Auffassung der Bibel sind es aber **Zehn Worte,** wie aus Bezugnahmen im Buch Exodus und im Buch Deuteronomium hervorgeht: „Der Herr offenbarte euch seinen Bund, er verpflichtete euch, ihn zu halten: die Zehn Worte. Er schrieb sie auf zwei Steintafeln" (Dtn 4,13). Hier ist auch die Tradition begründet, dass die Zehn Gebote auf zwei Steintafeln geschrieben waren. Auch Jesus bezieht sich schon auf „die Gebote" und zitiert einige von ihnen, als er nach dem Weg zum ewigen Leben gefragt wird (vgl. Mk 10, 19).

Die Zehn Gebote gelten als **ethische Grundsätze** des Judentums und Christentums. Sie unterscheiden sich von anderen Rechtssätzen des Alten Testaments dadurch, dass sie nicht auf einen Einzelfall bezogen sind, sondern allgemein gültige Regelungen für das Zusammenleben der Menschen darstellen. So beinhaltet die Regelung „Du sollst nicht töten" einen unbedingten (apodiktischen) Geltungsanspruch; dagegen sind zahlreiche andere Gesetze des Alten Testaments fallbezogen (kasuistisch) formuliert und geben Tatumstände und Straffolgen an: „Wenn einer seinen Sklaven oder seine Sklavin mit dem Stock so schlägt, dass er unter seiner Hand stirbt, dann muss der Sklave gerächt werden. Wenn er noch einen oder zwei Tage am Leben bleibt, dann soll den Täter keine Rache treffen" (Ex 21, 20 f.).

Die **Zusammenstellung** der Zehn Gebote im Alten Testament geht auf eine längere Tradition zurück und erscheint uns heute ziemlich zufällig. **Inhaltlich** geht es zunächst um die Beziehung zu Gott (1.–3. Gebot), dann um das Verhalten der Menschen zueinander (4.–10. Gebot).[31] Teilweise ergeben sich **Überschneidungen** zwischen einzelnen Geboten (z. B. 6. und 9. Gebot: Ehebruch – Begehren der Frau; 7. und 10. Gebot: Diebstahl – Begehren fremden Eigentums). Auf der anderen Seite fehlen ganze Regelungsbereiche, vor allem der Bereich des politischen Lebens. Daher sind die Gebote in der christlichen Morallehre zum Teil unangemessen **ausgeweitet** worden: So wurde das 4. Gebot vom Bereich der Familie auf den des Staates ausgedehnt; das 6. Gebot wurde übersetzt: „Du sollst nicht Unzucht treiben" und sollte damit den gesamten Bereich denkbarer sexueller Verfehlungen abdecken. Daher ist es wichtig, sich mithilfe der historisch-kritischen Exegese die ursprüngliche Bedeutung der Gebote bewusst zu machen.[32]

0. Die „Präambel":

Der Dekalog wird durch die Erinnerung an das Exodus-Ereignis eingeleitet: „Ich bin Jahwe, dein Gott, der dich aus Ägypten geführt hat, aus dem Sklavenhaus." Damit wird die Geltung des Dekalogs auf die **Befreiungstat Gottes** zurückgeführt: Sie eröffnet Israel erst die Möglichkeit, die Gebote zu halten!

1. Gebot: Fremdgötter und Bilder

Die **Alleinverehrung Jahwes** wird gefordert, ohne dass schon die Existenz anderer Götter grundsätzlich verneint wird. Das Bilderverbot bezog sich ursprünglich ebenfalls auf die **Kultbilder fremder Götter**, wurde später aber als Verbot der Anfertigung von Jahwe-Bildern aufgefasst.

2. Gebot: Der Name Jahwes

Der Name Jahwes soll vor Missbrauch geschützt werden, der z. B. beim **Meineid** vor Gericht erfolgen kann.

3. Gebot: Sabbat

Der 7. Tag als **Ruhetag** war eine Besonderheit Israels, die besonders begründet werden musste: Für Ex 20,11 ist es eine religiöse **Ruhepflicht** aufgrund der

---

31 Diese Einteilung geht zurück auf den Kirchenvater Augustinus und orientiert sich am „Doppelgebot der Liebe" des Neuen Testament (vgl. Mk 12,29–31).
32 Vgl. dazu auch den Überblick von F. L. Hossfeld in: Neues Bibel-Lexikon, hrsg. von M. Görg und B. Lang, Bd. I, Zürich 1991, Sp. 403.

göttlichen Schöpfungsruhe am 7. Tag; für Dtn 5,14 f. ist es ein soziales **Ruherecht,** das besonders den Sklaven zugute kommen soll und an die eigene Sklavenzeit in Ägypten erinnert.

4. Gebot: Elternehrung
Das Gebot will die traditionelle **Fürsorge** für die alt gewordenen Eltern einschärfen.

5. Gebot: Töten
Die Allgemeinheit des Gebots scheint jede Art von Tötung menschlichen Lebens zu untersagen. Im alttestamentlichen Zusammenhang umfasst es aber nur den **Mord an einem israelitischen Bürger,** nicht aber das Töten im Krieg, die Blutrache, die Todesstrafe oder die Selbsttötung.

6. Gebot: Ehebruch
Das Gebot setzt die patriarchale Gesellschaftsordnung Israels voraus, in der die Polygamie (Vielehe) des Mannes zulässig war. Für den **Mann** bedeutete es daher nur, dass ihm kein Geschlechtsverkehr mit der Ehefrau eines anderen erlaubt war. Für die **Frau** bedeutete es aber, dass ihr außerhalb ihrer Ehe grundsätzlich kein Geschlechtsverkehr erlaubt war.

7. Gebot: Diebstahl
Das Gebot bezieht sich auf das **heimliche Entwenden beweglicher Güter.**

8. Gebot: Falschaussage
Das Gebot meint nicht die Lüge allgemein, sondern die **Falschaussage vor Gericht.**

9. Gebot: Begehren der Frau des Nächsten
Ursprünglich umfassten das 9. und 10. Gebot zusammen die **öffentliche, gewaltsame Aneignung** des gesamten fremden Besitzes. Da die Frau nach alttestamentlichem Recht aber nicht Besitz des Mannes war (anders als die Sklaven), wurde das 9. Gebot in der späteren Fassung vorangestellt.

10. Gebot: Begehren fremden Eigentums
Das Gebot meint den **Raub auch von unbeweglichen Gütern.**

Der Überblick über die Bedeutung der Zehn Gebote im alttestamentlichen Zusammenhang hat gezeigt, dass sie ursprünglich viel eingeschränkter gemeint waren, als sie in der christlichen Praxis verwendet werden. Die **Offenheit der Formulierung** der kurzen Gebote 5 bis 10 hat aber eine weiter reichende Interpretation möglich gemacht. So versuchen christliche Theologen auch heute, die Zehn Gebote für unsere Zeit zu aktualisieren. Ein Beispiel dafür ist Jörg Zink: Er formuliert von Jesus her „zehn Angebote" und stellt die Präambel voraus: „Gott liebt dich. Nimm seine Liebe an und gib sie weiter".[33]

> **Zusammenfassung:**
> **Dekalog – Die Eckpfeiler des religiösen und sozialen Lebens**
>
> Der Dekalog steckt die **Eckpfosten des religiösen und sozialen Lebens** in Israel ab. Der Text der Zehn Gebote ist erst im Laufe der Zeit zusammengewachsen; schon im Alten Testament begegnen **zwei verschiedene Fassungen.** Wesentlich ist die Erinnerung an das befreiende Handeln Gottes in der **„Präambel"** des Dekalogs. Der Sinn der einzelnen Gebote hat sich im Laufe der Zeit gewandelt; die **Offenheit ihrer Formulierung** ermöglicht aber auch heute immer wieder neue Aktualisierungen.

33 Jörg Zink: Neue Zehn Gebote, Kreuz Verlag: Stuttgart 1995, S. 60.

4.4 Geschichtsbücher – Der Weg Israels durch die Zeit

Der Pentateuch schließt mit dem Tod des Mose am Ende der **40-jährigen Wüstenzeit** der Israeliten (Dtn 34): Mose stirbt in Moab, östlich des Jordan, am Nordrand des Toten Meeres; er selbst darf das Verheißene Land Kanaan zwar schauen, aber er gelangt nicht mehr hinein. Die Eroberung des Landes übernimmt sein Nachfolger **Josua**. Die folgenden Bücher Josua, Richter, Samuel und Könige gehören zum **Deuteronomistischen Geschichtswerk:** eine Darstellung der Geschichte Israels, die sich an die Theologie des Deuteronomiums anschließt und von der „Landnahme" im 12. Jahrhundert v. Chr. bis zum Babylonischen Exil ab 586 v. Chr. reicht.

Die **Landnahme** der Israeliten wird im Buch Josua auf sehr kriegerische und blutige Art und Weise dargestellt: Berühmt ist die Schilderung der Eroberung von **Jericho,** bei der durch den Schall der „Posaunen von Jericho" die Mauern eingestürzt sein sollen und anschließend alle Bewohner dem Untergang geweiht wurden (Jos 6,20 f.). Diese Darstellung ist glücklicherweise eine Rückprojektion aus späterer Zeit: Archäologische Grabungen haben ergeben, dass die uralte Stadt Jericho, die mehrfach zerstört und wieder aufgebaut wurde, zur Zeit der „Landnahme" der Israeliten schon in Trümmern lag.

Auch sonst ging es bei der Landnahme sehr viel friedlicher zu, als es die Erzählungen der Bücher Josua und Richter glauben machen: Im Zuge der **„aramäischen Wanderwelle"** im 13. Jahrhundert v. Chr. drangen Nomadenstämme in das fruchtbare Kulturland Syrien-Palästinas ein und wurden dort sesshaft. Diese einzelnen Stämme wurden in der späteren Überlieferung zur Gemeinschaft der **„12 Stämme Israels"** stilisiert, die als Nachkommen der zwölf Söhne Jakobs verstanden wurden. Die Exodus-Gruppe unter Josua gewann bei diesen Nomadenstämmen an Einfluss; sie schlossen sich unter Jahwe, dem Gott der Befreiung, zusammen. Parallel zum Eindringen nomadischer Stämme von außen fanden in den kanaanäischen Stadtstaaten gesellschaftliche Umschichtungen von innen her statt, bei denen **Angehörige der Unterschicht** (sog. *hapiru,* vgl. „Hebräer") sich gegen die Stadtfürsten auflehnten. Erst am Ende dieser Phase kam es auch zu kriegerischen Auseinandersetzungen.

Über das Zusammenleben der Israeliten in der Zeit vor der Staatenbildung Sauls und Davids erzählt das Buch der Richter. Hauptfiguren sind von Jahwe berufene „Richter"; sie wirken vor allem als **Retter** der israelitischen Stämme aus der Unterdrückung durch feindliche Völker der Umgebung (Kanaanäer, Midianiter, Philister). Die einzelnen Richter sind sehr unterschiedlich gezeichnet: **Ehud** (Ri 3) ist ein Attentäter, der den moabitischen König meuchlings erdolcht. **Debora** (Ri 4) ist eine Prophetin, die den zaudernden Feldherrn Barak zum Kampf gegen die Kanaanäer bewegt. Das **Debora-Lied** (Ri 5), das den Sieg israelitischer Stämme besingt, ist einer der altertümlichsten Texte der Bibel. **Gideon** (Ri 6–8) ist ein Hasenfuß, der erst durch mehrere Zeichen Gottes zum Kampf gegen die Midianiter bewegt werden kann. **Jiftach** (Ri 11) muss aufgrund eines leichtfertigen Gelübdes seine Tochter opfern. **Simson** (Ri 13–16) ist ein Kraftprotz, der von den Philistern erst bezwungen wird, nachdem ihm das Haupthaar geschoren worden ist. Die Erzählungen des Richterbuches sind also verstreute **Heldensagen,** die erst in späterer Zeit zusammengestellt und theologisch interpretiert worden sind.

Näher an die historische Zeit kommen wir mit den Büchern Samuel: Sie haben ihren Namen vom Richter und Propheten Samuel und stellen die Geschichte König Sauls und König Davids dar. **Saul** wird von Samuel zum ersten König in Israel gesalbt (1 Sam 9–10); er fällt im Kampf gegen die Philister (1 Sam 31) und sein Konkurrent **David** wird sein Nachfolger. Beachtlich ist, dass sich neben der Verherrlichung des davidischen Königtums auch deutlich **königskritische Tendenzen** erhalten haben. Am bekanntesten ist die Erzählung von **David und Batseba** (2 Sam 11–12): David begeht Ehebruch mit Batseba, der Frau seines Kriegers Urija; als sie schwanger wird, stellt David den Urija im Kampf an eine gefährliche Stelle, sodass er umkommt. Daraufhin schickt Jahwe den Propheten Natan zu David und spricht ihm das Urteil: Der geborene Sohn muss sterben; David selbst werden später beim Aufstand Abschaloms die eigenen Frauen genommen!

Trotz solcher kritischer Stimmen gilt die Zeit von **David und Salomo** (um 1000–931 v. Chr.) im späteren biblischen Rückblick als Glanzzeit Israels. Unter Salomo entsteht auch der erste Jahwe-Tempel in Jerusalem (1 Kön 6). Nach dem Tod Salomos zerfällt das Reich in zwei Teile: in das Nordreich Israel mit der Hauptstadt Samaria und das Südreich Juda mit der Hauptstadt Jerusalem. Die folgenden Jahrhunderte sind bestimmt durch den Kampf der beiden geteilten Kleinstaaten um die Selbstbehauptung gegenüber den wechselnden Großmächten Ägypten, Assyrien und Babylonien. Diese Geschichte wird in den Büchern der Könige dargestellt.

Zeit- und literaturgeschichtliche Epochen des biblischen Israel

Epochen	Ereignisse	Tenach / Altes Testament
1200–1000 v. Chr. **Israel als Stämmegesellschaft**	Ende der ägyptischen Vorherrschaft; Ankunft der Seevölker (Philister); Entstehung der Stämmegesellschaft „Israel"	Stammes-, Helden-, Heiligtums- und Ortssagen; Lieder, Sprüche, Rechtssätze
1000–586 v. Chr. **Eigenstaatliche Epoche** 1000–931 Stammeskönigtum Davids und Salomos 931–722 Nordreich Israel 931–586 Südreich Juda	Saul – David – Salomo 931 sog. Reichsteilung 850–800 Druck des Aramäerreichs auf Israel ab 750 Expansion des assyrischen Weltreichs 722 Eroberung Samarias und Eingliederung des Nordreichs in das assyrische Reich 733–622 Juda assyrischer Vasallenstaat 622 Joschijanische Reform (Kultzentralisation) 605–586 Juda babylonischer Vasallenstaat 597 und 586 Erste und zweite Eroberung Jerusalems durch Nebukadnezzar 586 Zerstörung Jerusalems und des Tempels	Erzählkränze über die „Ursprünge Israels" Privilegrecht Ex 34 und Bundesbuch (um 900) Elija-Erzählungen (9. Jh.) Amos u. Hosea (Mitte 8. Jh.) Jesaja u. Micha (Ende 8. Jh.) Jerusalemer Geschichtswerk (= erweiterter Jahwist) (7. Jh.) (Joschijanisches) Deuteronomium (622) Zefanja, Nahum und Habakuk (Ende 7. Jh.) Ezechiel und Jeremia (Anfang 6. Jh.)
586 v. Chr. – 324 n. Chr **Unter fremdstaatlicher Herrschaft** 586–538 Babylonische Herrschaft 538–332 Persische Herrschaft 332–301 Griechische Herrschaft 301–198 Ptolemäische Herrschaft 198–129 Seleukidische Herrschaft **129–63 v. Chr** **Herrschaft der Hasmonäer** 63 v. Chr – 324 n. Chr. Römische Herrschaft 40 v. Chr. – 100 n. Chr Klientelkönigtum der Herodianer	586–538 Juda babylonische Provinz („Babylonisches Exil") 538 Eroberung Babylons durch Kyrus von Persien 520–515 Wiederaufbau des Jerusalemer Tempels 445 Nehemia (Statthalterschaft; Wiederaufbau der Mauern Jerusalems) 398 Esra (Gesetzesgeltung der Tora in Jerusalem) 332 Alexander der Große in Israel und Ägypten 167–164 Befreiungskampf der Makkabäer (Hasmonäer) 164 Wiedereinweihung („Reinigung") des Tempels 7/6 v. Chr. Geburt Jesu 66–70 n. Chr. Jüdischer Krieg gegen die Römerherrschaft 70 Zerstörung Jerusalems 132–135 Aufstand gegen die Römer unter Bar Kochba	Deuteronomistisches Geschichtswerk (Mitte 6. Jh.) Deutero-Jesaja (Mitte 6. Jh.) Priesterschrift, Haggai und Sacharja (520–518) Rut (5. Jh.) Abschluss der Tora (um 400) Ijob (4. Jh.) Chronik, Esra, Nehemia, Tobit, Ester, Sprüche, Kohelet, Hoheslied (3./2. Jh.) Zwölfprophetenbuch (um 240) Psalter (200–150) Jesus Sirach (um 175) Daniel, Judit (150–100) 1/2 Makkabäer (um 100) Weisheit Salomos (um 30 n. Chr.) Schließung des jüdischen Kanons (um 100 n. Chr.)

Im **Nordreich Israel** errichtete König Jerobeam nach der Reichsteilung zwei Heiligtümer, in denen Stierbilder als Symbole für Jahwe aufgestellt waren (1 Kön 12,26–33). In dieser „Sünde Jerobeams" sahen die Verfasser des Deuteronomistischen Geschichtswerks später den Keim für den Untergang gelegt.

Darstellung eines assyrischen Reiters

Im Nordreich kam es auch stärker zur Beeinflussung durch andere Kulte. Besonders die Verehrung des kanaanäischen Fruchtbarkeitsgottes **Baal** konkurrierte mit der Jahwe-Verehrung. In 1 Kön 18 ist dieses Gegenüber zum Zweikampf des Jahwe-Propheten **Elija** mit 450 Propheten des Baal stilisiert. Ab 850 v. Chr. musste sich das Nordreich zunächst gegenüber den **Aramäern** (Damaskus) behaupten; ab 750 v. Chr. überrollten die **Assyrer** vom Tigris aus Syrien-Palästina. Das Nordreich Israel wurde 722 v. Chr. erobert und dem neuassyrischen Großreich als Provinz Samaria eingegliedert. Die Oberschicht wurde nach Mesopotamien deportiert und eine fremde Oberschicht aus Babylonien angesiedelt. Dadurch kam es zu weiteren Kultvermischungen, weshalb die Juden zur Zeit Jesu die Samaritaner als abtrünnige Jahwe-Verehrer ablehnten (vgl. Joh 4).

Das **Südreich Juda** konnte sich noch fast 150 Jahre länger gegenüber dem militärischen Druck von außen behaupten: Wie durch ein Wunder entging Jerusalem im Jahr 701 v. Chr. der Eroberung durch die Assyrer, nachdem sich der judäische König **Hiskija** (728–700 v. Chr.) gegen die assyrische Oberhoheit aufgelehnt hatte. Dieses Ereignis wird in 2 Kön 18–20 breit ausgemalt. In dieser Zeit tritt auch der große Prophet **Jesaja** auf, der zum Vertrauen auf Jahwe allein aufruft. Besonders gelobt wird von den Verfassern des Deuteronomistischen Geschichtswerks der späte König **Joschija** (639–609 v. Chr.), der eine **Kultreform** durchführte und die Jahwe-Verehrung nur noch in Jerusalem gestattete. Diese Kultzentralisation ist der Grund für die herausragende Bedeutung des Jerusalemer Tempels auch zur Zeit Jesu.

Das Südreich wurde schließlich im Jahr 586 v. Chr. endgültig von den **Babyloniern** unter Nebukadnezzar (605–562 v. Chr.) erobert. In dieser Zeit traten die großen Propheten **Jeremia** und **Ezechiel** auf. Auch die Babylonier deportierten die Oberschicht der eroberten Länder und führten die Jerusalemer ins „Babylonische Exil". Das Heimweh der Verbannten schildert auf eindrucksvolle Weise Psalm 137: „An den Strömen von Babel, da saßen wir und weinten, wenn wir an Zion dachten. [...] Wenn ich dich je vergesse, Jerusalem, dann soll mir die rechte Hand verdorren." Hoffnung auf Heimkehr machen die Worte des Propheten Deutero-Jesaja[34]: „Tröstet, tröstet mein Volk!" Die Rückkehr aus dem Exil wird im Jahr 538 v. Chr. durch den persischen König Kyrus (559–529 v. Chr.) ermöglicht, nachdem die **Perser** die Babylonier als Großmacht abgelöst haben.

Nachbildung des prächtigen Ischtar-Tors von der Prozessionsstraße in Babylon (um 580 v. Chr.).

---

34 Der Name dieses Propheten ist unbekannt. Da seine Worte im zweiten Teil des Buches Jesaja (Jes 40–55) gesammelt sind, wird er als „Deutero-Jesaja" (griech. *deuteros*: zweiter) bezeichnet.

Von der Zeit nach der Rückkehr aus dem Exil berichten die Bücher Esra und Nehemia: Der von den Babyloniern zerstörte **Tempel** in Jerusalem wird neu errichtet; **Nehemia** baut als Statthalter von Juda die Mauern Jerusalems wieder auf (445–425 v. Chr.); der Schriftgelehrte **Esra** verkündet die **Tora** als gültiges Reichsgesetz (398 v. Chr.). Doch schon im Jahr 332 v. Chr. wird die persische Herrschaft durch die **Griechen** (Alexander der Große und die späteren hellenistischen Reiche) abgelöst. In dieser Zeit wird die Geschichte Israels in den Büchern der Chronik noch einmal neu gedeutet. Jetzt entstehen auch die verschiedenen weisheitlichen Bücher der Bibel. Als letzte Geschichtsbücher des Alten Testaments erzählen die deuterokanonischen, schon auf Griechisch verfassten Bücher der Makkabäer von der Unterdrückung jüdischen Glaubens durch den hellenistischen Herrscher Antiochus IV. und vom **Befreiungskampf** des Judas Makkabäus und seiner Brüder (167–164 v. Chr.). Aus diesen Kämpfen geht das **Königtum der Hasmonäer** hervor; sie regieren das Land von 129 v. Chr. bis zur Einnahme Jerusalems durch die Römer im Jahr 63 v. Chr.

Zusammenfassung: Geschichtsbücher – Der Weg Israels durch die Zeit

Die alttestamentlichen Geschichtsbücher enthalten viele wertvolle **historische Informationen** über das Leben eines kleinen Volkes in einem Zeitraum von über 1000 Jahren. Auf der anderen Seite bieten sie aber immer **theologisch gedeutete Geschichte**: Israel wird im Schatten wechselnder Großmächte gezeigt; die Treue zu Jahwe entscheidet auch über das politische Wohl des Landes. Anders als in der schmeichlerischen Hofgeschichtsschreibung der Ägypter, Assyrer und Babylonier haben sich im Alten Testament daher auch **herrschaftskritische Tendenzen** erhalten: Auch der König unterliegt dem Anspruch des Jahwe-Wortes vom Sinai!

4.5 Biblische Weisheit – Psalmen, Liebeslieder und Weltzweifel

Die Bücher der Weisheit folgen in der christlichen Bibel als zweite große Abteilung nach den geschichtlichen Büchern. Sie beziehen sich auf die **Gegenwart** der Gemeinde und stehen zwischen der Erinnerung an Gottes Handeln in der Vergangenheit und der prophetischen Ansage seines Handelns in der Zukunft.[35] Das bekannteste Buch aus dieser Gruppe sind die **Psalmen,** eine Sammlung von 150 Gesängen der nachexilischen Gemeinde. Das Buch **Ijob** zählt zu den großen Werken der Weltliteratur: In ihm geht es um die schwerwiegende Frage, wie Gott das Leiden eines frommen und rechtschaffenen Menschen zulassen kann. Das Buch der **Sprichwörter** versammelt eine Reihe von Erfahrungssätzen aus der volkstümlichen Überlieferung Israels und stellt sie unter das Motto: „Die Furcht Jahwes ist Anfang der Erkenntnis" (Spr 1,7). Im Buch **Kohelet** (oder Prediger) wird eine skeptische Sicht der Welt angesichts des bevorstehenden Todes entfaltet: „Windhauch, Windhauch, sagte Kohelet, Windhauch, Windhauch, das ist alles Windhauch" (Koh 1,2). Voll jubelnder Weltbejahung ist dagegen das **Hohelied:** eine Sammlung von Liebesliedern, die – überhaupt nicht prüde – die Schönheit der Frau und ihres Geliebten preisen. Die Bücher der **Weisheit** (oder Weisheit Salomos) und des Weisheitslehrers **Jesus Sirach** gehören schon zu den „deuterokanonischen", bereits auf Griechisch verfassten Büchern.[36] Sie bemühen sich um eine Deutung der Glaubenstraditionen Israels in der hellenistischen Umwelt.

Die biblische Spruchweisheit setzt einen eindeutigen Zusammenhang von **Tun und Ergehen** voraus: Wer Gutes tut, dem wird es in der Welt gut ergehen; wer Schlechtes tut, dem wird es schlecht ergehen.

Spr 10,9 Wer aufrichtig seinen Weg geht, geht sicher;
wer krumme Wege geht, wird durchschaut.

Spr 26,27 Wer eine Grube gräbt, fällt selbst hinein;
wer einen Stein hochwälzt, auf den rollt er zurück.

Spr 10,2 Unrecht Gut gedeiht nicht,
Gerechtigkeit aber rettet vor dem Tod.

---

35 In der hebräischen Bibel sind die poetischen Bücher dagegen der dritten Abteilung, den „Schriften" (Chetubim), zugeordnet (s. o. Kapitel 1.4).
36 Das Buch Jesus Sirach lag ursprünglich allerdings einmal auf Hebräisch vor. Das Buch der Weisheit ist die jüngste alttestamentliche Schrift (nach 30 v. Chr.).

Hinter dem **Tun-Ergehen-Zusammenhang** steht das Vertrauen in eine göttliche Ordnung der Welt, durch die der Gute belohnt und der Böse bestraft wird. Nach menschlicher Erfahrung tritt eine solche Folge jedoch häufig nicht ein; daher thematisieren besonders die Bücher Ijob und Kohelet die Frage: Warum geht es dem Frevler gut und dem Gerechten schlecht in der Welt? Damit weisen die Weisheitsbücher schon voraus auf die Fragen heutiger Philosophie.

Gestaltet sind die Weisheitsbücher nach dem Grundprinzip der hebräischen Poesie, dem **„Parallelismus membrorum"**: Zwei aufeinander folgende Glieder sind „parallel" gestaltet und drücken den gleichen oder einen entgegengesetzten Sinn aus (vgl. die drei Beispiele aus dem Buch der Sprichwörter).

Die folgenden Beispiele geben einen kleinen **Einblick in die Weisheitsliteratur** des Alten Testaments. Ausgewählt wurden Bücher, die für uns heute besonders aktuell sind: die Psalmen, das Hohelied und Kohelet.

4.5.1 Die Psalmen

Die Psalmen (von griech. *psalmoi:* Lieder mit Saitenspiel) sind eine Sammlung von 150 Gebeten oder Gesängen. Einzelne Psalmen sind sehr alt und stammen aus der Zeit vor dem Babylonischen Exil; andere sind erst später entstanden. Die **Zusammenstellung** zum heutigen Psalmenbuch dürfte um 200 v. Chr. erfolgt sein. Die Psalmen enthalten die **Gattungen** Klage, Bitte, Lob und Dank – ein ganzes Spektrum menschlicher Erfahrungen. Teilweise sind es persönliche Gebete (z. B. das Klagelied oder das Danklied des Einzelnen), teilweise sind es Gebete der Gemeinde (z. B. das Klagelied des Volkes oder die Wallfahrtspsalmen). Oft kommen in ihnen persönliche Erfahrungen einzelner Menschen mit Gott vor, die als so typisch angesehen wurden, dass sie zum „Gebetsformular" wurden. Charakteristisch ist die **dialogische Struktur** der Psalmen: Nicht ein unbekannter Erzähler spricht zur Jahwe-Gemeinde (wie in den Geschichtsbüchern), sondern Menschen wenden sich direkt an Gott.

Am Anfang der Psalmensammlung steht programmatisch Ps 1, der das Nachsinnen des Beters über die **Weisung Jahwes (Tora)** lobt:

> Ps 1,1 Wohl dem Mann, der nicht dem Rat der Frevler folgt,
> nicht auf dem Weg der Sünder geht,
> nicht im Kreis der Spötter sitzt,
> 2 sondern Freude hat an der Weisung des Herrn,
> über seine Weisung nachsinnt bei Tag und bei Nacht.

3 Er ist wie ein Baum,
  der an Wasserbächen gepflanzt ist,
  der zur rechten Zeit seine Frucht bringt
  und dessen Blätter nicht welken.
  Alles, was er tut,
  wird ihm gut gelingen.

Aber es sind auch ganz andersartige Gotteserfahrungen der Menschen in den Psalmen aufbewahrt: Besonders deutlich wird dies in den **Klagepsalmen,** die eine völlige Gottverlassenheit des Beters ausdrücken:

Ps 22,2 Mein Gott, mein Gott, warum hast du mich verlassen,
  bist fern meinem Schreien, den Worten meiner Klage?
3 Mein Gott, ich rufe bei Tag, doch du gibst keine Antwort;
  ich rufe bei Nacht und finde doch keine Ruhe.
8 Alle, die mich sehen, verlachen mich,
  verziehen die Lippen, schütteln den Kopf:
9 „Er wälze die Last auf den Herrn,
  der soll ihn befreien!
  Der reiße ihn heraus,
  wenn er an ihm Gefallen hat."
19 Sie verteilen unter sich meine Kleider
  und werfen das Los um mein Gewand.
20 Du aber, Herr, halte dich nicht fern!
  Du, meine Stärke, eil mir zu Hilfe!

Nach dem ältesten Passionsbericht Mk 15 stirbt Jesus mit den Anfangsworten dieses Psalms auf den Lippen! Auch weitere Motive aus diesem Psalm (z. B. die Verspottung des Leidenden, die Verteilung der Kleider) sind von den Evangelisten auf die **Umstände des Todes Jesu** bezogen worden. Doch selbst dieser Psalm der Gottverlassenheit lässt das Vertrauen auf das rettende Eingreifen Jahwes anklingen; im zweiten Teil (Ps 22,23–32) ist er sogar durch ein Danklied erweitert worden. Und auf Ps 22 folgt unmittelbar das Vertrauensbekenntnis zum **„Hirten Jahwe"** in Ps 23, dessen Bildlichkeit auch heute noch viele Christen direkt anspricht:

Ps 23,1 Der Herr ist mein Hirte,
  nichts wird mir fehlen.
2 Er lässt mich lagern auf grünen Auen
  und führt mich zum Ruheplatz am Wasser.
3 Er stillt mein Verlangen;
  er leitet mich auf rechten Pfaden, treu seinem Namen.

4 Muss ich auch wandern in finsterer Schlucht,
  ich fürchte kein Unheil;
  denn du bist bei mir,
  dein Stock und dein Stab geben mir Zuversicht.

4.5.2 Das Hohelied

Das Hohelied (hebr. „Lied der Lieder") ist eine **Sammlung von Liebesliedern**
aus dem alten Israel, als deren Verfasser König Salomo genannt wird. Viele
Christen sind überrascht, dass ausgerechnet in der Bibel Texte zu finden sind,
die so eindeutig die erotisch-sexuelle Liebe zwischen Mann und Frau preisen:
„Freunde, esst und trinkt, berauscht euch an der Liebe!" (Hld 5,1). Vor allem
die „Beschreibungslieder" lassen an Klarheit nichts zu wünschen übrig:

Hld 4,1 Schön bist du, meine Freundin,
  ja, du bist schön.
  Hinter dem Schleier
  deine Augen wie Tauben.
  Dein Haar gleicht einer Herde von
  Ziegen,
  die herabzieht von Gileads
  Bergen.
3 Rote Bänder sind deine Lippen;
  lieblich ist dein Mund. [...]
5 Deine Brüste sind wie zwei
  Kitzlein,
  wie die Zwillinge einer Gazelle,
  die in den Lilien weiden.
6 Wenn der Tag verweht und die
  Schatten wachsen,
  will ich zum Myrrhenberg gehen,
  zum Weihrauchhügel.
7 Alles an dir ist schön, meine
  Freundin;
  kein Makel haftet an dir.

Marc Chagall: Lied Davids.

Auch die Sehnsucht des Mädchens wird wunderschön ausgedrückt:

Hld 3,1 Des Nachts auf meinem Lager suchte ich ihn,
  den meine Seele liebt.
  Ich suchte ihn und fand ihn nicht.
2 Aufstehen will ich, die Stadt durchstreifen,
  die Gassen und Plätze,

ihn suchen, den meine Seele liebt.
Ich suchte ihn und fand ihn nicht.
3 Mich fanden die Wächter
bei ihrer Runde durch die Stadt.
Habt ihr ihn gesehen, den meine Seele liebt?
4 Kaum war ich an ihnen vorüber,
fand ich ihn, den meine Seele liebt.
Ich packte ihn, ließ ihn nicht mehr los,
bis ich ihn ins Haus meiner Mutter brachte,
in die Kammer derer, die mich geboren hat.
5 Bei den Gazellen und Hirschen der Flur
beschwöre ich euch, Jerusalems Töchter:
Stört die Liebe nicht auf, weckt sie nicht,
bis es ihr selbst gefällt.

Der **Ursprung** des Hohen Liedes ist umstritten: Zeitweise nahmen die Exegeten einen religionsgeschichtlichen Zusammenhang mit dem altorientalischen (nicht-israelitischen) Kult der „Heiligen Hochzeit" an – der stellvertretenden Vereinigung des Königs mit einer Priesterin der Fruchtbarkeitsgöttin Astarte. Für Israel ist aber der „Sitz im Leben" einer weltlichen **Hochzeitsfeier** wahrscheinlicher. Entstanden sind die Lieder demnach in der Königszeit, zwischen dem 8. und 6. Jahrhundert v. Chr.

In der jüdischen und christlichen Auslegungsgeschichte ist das Hohelied später **allegorisch** gedeutet worden (siehe Kapitel 2.3) und das Verhältnis des Geliebten zur Freundin wurde auf das Verhältnis von Jahwe zu Israel bzw. von Christus zur Kirche übertragen. In diesem Sinne greift auch die Kirchenmusik der Barockzeit den Text des Hohen Liedes auf: So verwendet z. B. Johann Sebastian Bach in der Kantate „Wachet auf, ruft uns die Stimme" und sogar in der Matthäus-Passion Zitate aus dem Hohen Lied. Über diese weiter reichende theologische Deutung darf aber der ursprüngliche Sinn nicht vergessen werden: Das Hohelied preist wörtlich die erotische Liebe zwischen Mann und Frau! Besonders angesichts leibfeindlicher Tendenzen in der Kirche ist es gut zu wissen, dass dieses Buch in den biblischen Kanon aufgenommen worden ist.[37]

---

37 Der Text des Hohen Liedes wird (in seinem wörtlichen Sinn) sogar von heutigen Rockgruppen aufgegriffen: So enthält das Lied „Wenn ein Mensch lebt" von den Puhdys (Text: Ulrich Plenzdorf) eine kleine Collage von Zitaten aus dem Hohen Lied und dem Buch Kohelet.

4.5.3 Das Buch Kohelet

Das Buch Kohelet ist das „weltlichste" Buch der Bibel. Es ist von einem tiefen Pessimismus geprägt: „Windhauch, Windhauch, sagte Kohelet, Windhauch, Windhauch, das ist alles Windhauch" (Koh 1,2). Dieses Motto **„Windhauch"** zieht sich leitmotivartig durch das gesamte Buch. Als Verfasser wird in Koh 1,1 ein Mann namens Kohelet genannt (hebr. „Sammler" oder „Versammler"), der in der späteren Tradition mit König Salomo gleichgesetzt wurde (daher auch der Name „Prediger Salomo"). Der Sprecher versetzt sich fiktiv in die Lage eines israelitischen Königs und prüft, welchen Sinn alle menschlichen Vorteile haben. Sein Ergebnis: Wissen, Genuss, Reichtum, Ansehen – „das ist alles Windhauch und Luftgespinst. Es gibt keinen Vorteil unter der Sonne" (Koh 2,11). So listet Kohelet nur die gegensätzlichen menschlichen Aktivitäten auf, ohne sie jedoch zu bewerten:

Koh 3,1 Alles hat seine Stunde. Für jedes Geschehen unter dem Himmel gibt es eine bestimmte Zeit:

2 Eine Zeit zum Gebären und eine Zeit zum Sterben,
eine Zeit zum Pflanzen und eine Zeit zum Abernten der Pflanzen.

3 Eine Zeit zum Töten und eine Zeit zum Heilen,
eine Zeit zum Niederreißen und eine Zeit zum Bauen.

4 Eine Zeit zum Weinen und eine Zeit zum Lachen,
eine Zeit für die Klage und eine Zeit für den Tanz.

5 Eine Zeit zum Steinewerfen und eine Zeit zum Steinesammeln,
eine Zeit zum Umarmen und eine Zeit, die Umarmung zu lösen.

6 Eine Zeit zum Suchen und eine Zeit zum Verlieren,
eine Zeit zum Behalten und eine Zeit zum Wegwerfen.

7 Eine Zeit zum Zerreißen und eine Zeit zum Zusammennähen,
eine Zeit zum Schweigen und eine Zeit zum Reden.

8 Eine Zeit zum Lieben und eine Zeit zum Hassen,
eine Zeit für den Krieg und eine Zeit für den Frieden.

Eine solche **Gleich-Gültigkeit menschlichen Tuns** wird aber religiös begründet durch die göttliche Vorhersehung: „Gott hat das alles zu seiner Zeit auf vollkommene Weise getan. [...] Was auch immer geschehen ist, war schon vorher da, und was geschehen soll, ist schon geschehen" (Koh 3,11.15). Der pragmatische Rat Kohelets lautet daher:

Koh 9,7 Also: Iss freudig dein Brot und trink vergnügt deinen Wein; denn das, was du tust, hat Gott längst so festgelegt, wie es ihm gefiel.

8 Trag jederzeit frische Kleider, und nie fehle duftendes Öl auf deinem Haupt.

⁹ Mit einer Frau, die du liebst, genieß das Leben alle Tage deines Lebens voll Windhauch, die er dir unter der Sonne geschenkt hat, alle deine Tage voll Windhauch. Denn das ist dein Anteil am Leben und an dem Besitz, für den du dich unter der Sonne anstrengst.

Kohelets Weltsicht ist verwandt mit der hellenistischen Popularphilosophie des 3. Jahrhunderts v. Chr. Er verweist den Menschen ganz auf das **Leben im Diesseits,** warnt aber zugleich vor der Überschätzung der eigenen menschlichen Möglichkeiten. Glück ist ein Geschenk Gottes und besteht eigentlich darin, nicht zu oft an die Begrenztheit des menschlichen Lebens denken zu müssen (Koh 5,18 f.). So wird das Leben als „Sein zum Tode" begriffen, womit Kohelet schon vorausweist auf die Existenzphilosophie des 20. Jahrhunderts. Im Zusammenhang der gesamten Bibel bedeutet das Buch Kohelet ein Gegengewicht zu einer einseitig spirituellen Weltsicht.[38]

Zusammenfassung: Biblische Weisheit – Psalmen, Liebeslieder und Weltzweifel

Die Gruppe der biblischen Weisheitsbücher wendet sich der **Gegenwart** des Menschen zu. Im Vertrauen auf die göttliche Weltordnung geht die Spruchweisheit von einem eindeutigen **Tun-Ergehen-Zusammenhang** aus. Gleichzeitig setzen sich die Bücher Ijob und Kohelet aber schon kritisch mit dieser zu einfachen Weltsicht auseinander.

Das Buch der **Psalmen** enthält 150 Gebete bzw. Gesänge der Gattungen Klage, Bitte, Lob und Dank; sie bilden die **„Antwort Israels"** auf Jahwes Handeln in der Geschichte.

Das **Hohelied** ist eine Sammlung von **Liebesliedern,** die in großer Anschaulichkeit die Schönheit der Liebe zwischen Mann und Frau preisen. In der späteren kirchlichen Deutung sind diese Lieder auf das Verhältnis zwischen Christus und der Kirche bezogen worden.

Das Buch **Kohelet** entwirft eine **skeptische Weltsicht;** es fordert den Menschen dazu auf, im Bewusstsein der Begrenztheit durch den Tod das Leben im Rahmen seiner Möglichkeiten zu gestalten.

---

38 Das Kohelet-Motiv „Alles ist eitel" wird vor dem Erfahrungshintergrund des Dreißigjährigen Krieges besonders auch in der Dichtung des Barock aufgenommen. Interessanterweise greifen heute gerade nichtreligiöse Sänger und Liedermacher (z. B. Pete Seeger oder Wolf Biermann) auf Texte aus Kohelet zurück.

4.6 Prophetie – Vertrauen auf Gottes geschichtliches Handeln

Propheten (von griech. *prophétes*) gelten im allgemeinen Sprachgebrauch als Menschen, die „prophezeien", d.h. die Zukunft vorhersagen. Diese Bestimmung trifft jedoch nicht das Wesentliche biblischer Prophetie: Im Alten Testament sind Propheten vor allem **Sprecher für Jahwe,** die in wechselnden geschichtlichen Situationen den Willen Jahwes verkünden. Im Blick ist für sie zunächst die unmittelbare Gegenwart, erst sekundär Gottes Handeln in der

Pablo Gargallo: Prophet.

Zukunft. Der hebräische Ausdruck *nabi* bedeutet außerdem **Berufener:** Viele alttestamentliche Propheten führen ihren Auftrag auf ein persönliches Berufungserlebnis zurück, das besonders eindrücklich geschildert wird für die Propheten Jesaja (Jes 6), Jeremia (Jer 1) und Ezechiel (Ez 1–3). Diese drei Propheten werden – wegen des Umfangs ihrer Bücher, aber auch wegen ihrer Bedeutung – als die „großen" Propheten Israels bezeichnet, während die Propheten des „Zwölfprophetenbuchs" (z.B. Hosea, Amos, Maleachi) die „kleinen" Propheten genannt werden. Außer diesen **Schriftpropheten** – d.h. Propheten, nach denen eigene Bücher der Bibel benannt sind – gab es eine Reihe weiterer Propheten in Israel, von denen z.B. die Bücher der Könige berichten: Elija, Elischa, Natan u. a.

Die Schriftpropheten treten in der Zeit der beiden großen Existenzkrisen Israels auf: in der Zeit der assyrischen Bedrohung vor dem Untergang des Nordreichs 722 v. Chr. und in der Zeit der babylonischen Bedrohung vor dem Exil 586 v. Chr. Die Schriftpropheten sind daher vor allem **Unheilspropheten,** die das Gericht Jahwes und den Untergang des Reiches ankündigen. Erst in der Not des Exils entstehen auch großartige Heilsansagen wie die des Deutero-Jesaja.

Ihre Legitimation beziehen die Propheten aus der persönlichen Beauftragung durch Jahwe: Mit der Formel „So spricht Jahwe" weisen sie sich als **Boten Jahwes** aus, die einzig das Gotteswort zu übermitteln haben. Diesen

Auftrag erfahren Menschen ganz unterschiedlicher sozialer Herkunft: Amos und Micha sind Bauern, Jesaja ist ein Jerusalemer Weisheitslehrer, Jeremia und Ezechiel stammen aus der Priesterschaft. In mutigen Aktionen treten sie auf und unterstreichen ihre markanten Worte durch prophetische **„Zeichenhandlungen":** Jesaja geht drei Jahre lang nackt und barfuß umher als Zeichen, dass die Ägypter vom König von Assur nackt in die Verbannung geführt werden (Jes 20). Jeremia zerbricht vor den Ältesten Jerusalems einen irdenen Krug als Zeichen, dass das Volk und die Stadt „zerbrochen" werden (Jer 19). Derselbe Jeremia macht sich aus Stricken und Jochhölzern ein Ochsenjoch als Zeichen, dass das Volk seinen Nacken unter das „Joch" des Königs von Babel beugen soll (Jer 27). Ezechiel vollzieht verschiedene symbolische Handlungen, die auf das kommende Exil hinweisen, z. B. trägt er sein Gepäck aus dem Haus und bricht ein Loch durch die Wand als Zeichen, wie der Weg in die Verbannung angetreten wird (Ez 12).

Die **Sprache der Propheten** ist drastisch und bilderreich. Besonders das prophetische Gerichtswort ist oft überspitzt formuliert.

Amos kritisiert die Frauen der Oberschicht in Samaria:

> Amos 4,1 Hört dieses Wort, ihr Baschankühe auf dem Berg von Samaria,
> die ihr die Schwachen unterdrückt und die Armen zermalmt [...].
> 2 [...] Seht, Tage kommen über euch, da holt man euch mit Fleischerhaken weg,
> und was dann noch von euch übrig ist, mit Angelhaken.

Micha wirft den Richtern in Israel vor:

> Mi 3,3 Sie fressen mein Volk auf,
> sie ziehen den Leuten die Haut ab und zerbrechen ihnen die Knochen;
> sie zerlegen sie wie Fleisch für den Kochtopf,
> wie Braten für die Pfanne.

Jesaja klagt am Ende des gleichnisartigen Liedes vom Weinberg:

> Jes 5,7 Ja, der Weinberg des Herrn der Heere ist das Haus Israel,
> und die Männer von Juda sind die Reben, die er zu seiner Freude gepflanzt hat.
> Er hoffte auf Rechtsspruch – doch siehe da: Rechtsbruch,
> und auf Gerechtigkeit – doch siehe da: Der Rechtlose schreit.

Die Missstände, gegen die die Propheten Stellung nehmen, sind zum einen **soziale Ungerechtigkeit;** sie wird augenfällig am Gegensatz zwischen reich gewordenen Grundbesitzern und verarmten Kleinbauern, die sich in Schuldknechtschaft verkaufen müssen. Zum anderen wenden sich die Propheten gegen **mangelndes oder falsches Gottvertrauen:** Jesaja warnt den judäischen König Ahas, der 734 v. Chr. von Syrien und dem Nordreich Israel zu einer Koalition gegen Assur gezwungen werden soll: „Glaubt ihr nicht, so bleibt ihr nicht!" (Jes 7,9). Umgekehrt wendet sich Jeremia aber auch gegen eine falsche Form des Gottvertrauens: „Vertraut nicht auf die trügerischen Worte: ,Der Tempel des Herrn, der Tempel des Herrn, der Tempel des Herrn ist hier!' […] Wie? Stehlen, morden, die Ehe brechen, falsch schwören, dem Baal opfern und anderen Göttern nachlaufen, die ihr nicht kennt –, und dabei kommt ihr und tretet vor mein Angesicht in diesem Haus, über dem mein Name ausgerufen ist, und sagt: ,Wir sind geborgen!', um dann weiter alle jene Gräuel zu treiben. Ist denn in euren Augen dieses Haus, über dem mein Name ausgerufen ist, eine Räuberhöhle geworden?" (Jer 7,4.9–11). Hier klingt schon die spätere Tempelkritik Jesu an (vgl. Mk 11,17): Ein äußerlicher Kult ohne ethische Konsequenzen ist sinnlos!

Für das Neue Testament sind besonders die **messianischen Texte** aus dem Buch Jesaja wichtig geworden, die auf Jesus hin gedeutet wurden und besonders in der Adventszeit gelesen werden:

- **Jesaja 7:** Jesaja verheißt König Ahas ein Zeichen des Beistands Jahwes: „Seht, die junge Frau wird ein Kind empfangen, sie wird einen Sohn gebären, und sie wird ihm den Namen Immanuel (Gott mit uns) geben" (Jes 7,14). Das **Immanuel-Orakel** bezieht sich ursprünglich auf die Zeit des Jesaja selbst; manche Ausleger deuten es auf die Geburt des Ahas-Sohnes Hiskija. Das Neue Testament sieht dieses Wort (700 Jahre später!) in der Geburt Jesu erfüllt: In diesem Sinne zitiert es Matthäus in Mt 1,23.

- **Jesaja 45:** Im zweiten Teil des Buches Jesaja („Deutero-Jesaja" Jes 40–55) wird das messianische Heil noch ganz innergeschichtlich gesehen: Jahwe beruft den Perserkönig Kyrus als seinen **„Messias"** (Jes 45,1); er lässt im Jahr 538 v. Chr. die verbannten Juden aus dem Babylonischen Exil nach Jerusalem zurückkehren. Dass Jahwe den Perserkönig in seine Dienste nimmt, bedeutet aber auch eine neuartige Sicht der Einzigkeit des Gottes Israels: Erst nach dem Babylonischen Exil ist der Weg für einen eindeutigen **Monotheismus** bereitet.

Jes 45,1 So spricht der Herr (Jahwe) zu Kyrus, seinem Gesalbten […]:
> 5 Ich bin der Herr, und sonst niemand;
> außer mir gibt es keinen Gott. […]
> 7 Ich erschaffe das Licht und mache das Dunkel,
> ich bewirke das Heil und erschaffe das Unheil.
> Ich bin der Herr, der das alles vollbringt.

- **Jesaja 2:** In manchen Verheißungstexten des Buches Jesaja geht das künftige Heil nicht von einem Einzelnen aus, sondern von Jerusalem mit dem **Tempelberg Zion,** von dem die Weisung Jahwes für alle Völker ausstrahlt (vgl. Mi 4,1.3):

Jes 2,2 Am Ende der Tage wird es
geschehen:
Der Berg mit dem Haus des
Herrn steht fest gegründet
als höchster der Berge;
er überragt alle Hügel.
Zu ihm strömen alle Völker.
4 [...] Dann schmieden sie Pflugscharen aus ihren Schwertern
und Winzermesser aus ihren
Lanzen.
Man zieht nicht mehr das
Schwert, Volk gegen Volk,
und übt nicht mehr für den
Krieg.

- **Jesaja 53:** Eine eigene Gruppe von Texten bilden im Deutero-Jesaja die vier **„Lieder vom Gottes-knecht"** (Jes 42; 49; 50; 52,13–53,12). Wer mit dieser Gestalt ursprünglich gemeint war, ist unklar: Manche Exegeten sehen im „Gottesknecht" einen einzelnen Propheten oder König, andere das ideale Israel als Ganzes. Im Neuen Testament wird oft aus den Gottesknechtliedern zitiert. Besonders

„Schwerter zu Pflugscharen": Denkmal vor dem UNO-Gebäude in New York.
Das prophetische Bild wirkt fort bis in die Friedensbewegung des 20. Jahrhunderts.

das **vierte Gottesknechtlied** Jes 52,13–53,12 wurde von der christlichen Gemeinde zur Deutung des Todes Jesu herangezogen, der als stellvertretender Sühnetod verstanden wurde (vgl. z. B. 1 Petr 2,21–25):

Jes 53,3 Er wurde verachtet und von den Menschen gemieden,
ein Mann voller Schmerzen, mit Krankheit vertraut. [...]
5 Doch er wurde durchbohrt wegen unserer Verbrechen,
wegen unserer Sünden zermalmt.
Zu unserem Heil lag die Strafe auf ihm,
durch seine Wunden sind wir geheilt.

- **Jesaja 61:** Im dritten Teil des Buches Jesaja („Trito-Jesaja" Jes 56–66) werden die Motive **Recht – Gerechtigkeit – Rettung** ausgeführt: „So spricht Jahwe: Wahrt das Recht, und sorgt für Gerechtigkeit; denn bald kommt von mir das Heil, meine Gerechtigkeit wird sich bald offenbaren" (Jes 56,1). Und auch aus diesem Teil des Jesaja bezieht das Neue Testament ein Prophetenwort programmatisch auf Jesus (vgl. Lk 4,18 f.):

> Jes 61,1 Der Geist Gottes, des Herrn, ruht auf mir;
> denn der Herr hat mich gesalbt.
> Er hat mich gesandt, damit ich den Armen eine frohe Botschaft bringe
> und alle heile, deren Herz zerbrochen ist;
> damit ich den Gefangenen die Entlassung verkünde
> und den Gefesselten die Befreiung.

Die **„Frohe Botschaft"** (Evangelium) ist für das Neue Testament dann die Botschaft Jesu: Das Reich Gottes ist angebrochen!

Zusammenfassung: Prophetie – Vertrauen auf Gottes geschichtliches Handeln

Propheten sind **„Sprecher für Gott"**. Im Alten Testament verkünden sie dem Volk Israel Gottes Willen in der jeweiligen geschichtlichen Situation. Sie fordern die **Alleinverehrung Jahwes** und kritisieren soziale Missstände, die dem Gebot der **Nächstenliebe** widersprechen. Ihre Legitimation beziehen die Propheten aus einem persönlichen **Berufungserlebnis.** Die großen Schriftpropheten (Jesaja, Jeremia, Ezechiel) sind vor allem Unheilspropheten: Sie beklagen den Abfall von Jahwe und künden in der Zeit der Existenzgefährdung Israels die Vernichtung durch die Assyrer und Babylonier an. Erst nach dem Babylonischen Exil entstehen die großartigen Heilsworte, die von den Christen später auf den **Messias Jesus** hin gedeutet wurden.

5 Zentrale Texte des Neuen Testaments

Vom Umfang her ist das Neue Testament mit seinen 27 Büchern nur ein „Anhang" zum Alten oder Ersten Testament. Auch die **Entstehung** der neutestamentlichen Schriften ging weit schneller vor sich als die der alttestamentlichen: Nicht 1000 Jahre, sondern knapp 100 Jahre liegen zwischen der ältesten und der jüngsten neutestamentlichen Schrift (etwa 51 n. Chr. entstand der 1. Thessalonicherbrief und bis 140 n. Chr. der 2. Petrusbrief). Doch das Neue Testament enthält die für Christen zentrale Botschaft: die Botschaft, die **Jesus von Nazaret** über Gott verkündet hat, und zugleich die Botschaft, die Jesus als den Messias, den Gesalbten Gottes, den **Christus** verkündet. Daher kommt die einzigartige Bedeutung des Neuen Testaments für die Christen, sodass auch die Schriften des Alten Testaments aus christlicher Perspektive neu gelesen werden können.[39]

Aus der Vielzahl der neutestamentlichen Texte werden hier einige herausgegriffen, in denen die Botschaft Jesu und die Verkündigung der Urgemeinde besonders klar hervortreten.[40] Kapitel 5.1 gibt einen Überblick über die Abfolge und Entstehungszeit der Bücher des Neuen Testaments. Die Kapitel 5.2 bis 5.5 stellen den Inhalt der Botschaft Jesu und das Charakteristische seines Auftretens vor; Grundlage sind die synoptischen Evangelien (Mt, Mk, Lk). Die Kapitel 5.6 und 5.7 fassen die Ereignisse um die Kreuzigung Jesu und die Ostererfahrung der ersten Christen zusammen; Grundlage sind die vier Evangelien, die Apostelgeschichte und die Paulusbriefe. Kapitel 5.8 gibt einen Einblick in die neutestamentliche Briefliteratur; hier geht es um ein Verständnis der besonderen Form dieser 21 Bücher. Kapitel 5.9 erschließt das schwierigste Buch des Neuen Testament, die Offenbarung (Apokalypse) des Johannes.

---

39 Wie sich Altes Testament und Neues Testament zueinander verhalten, ist eine Grundfrage der Bibelhermeneutik. Sie spielt auch für den religiösen Dialog zwischen Juden und Christen eine zentrale Rolle. Zu einigen wichtigen Aspektes dieses Themas vgl. Erich Zenger: Das Erste Testament. Die jüdische Bibel und die Christen, Düsseldorf 1991.
40 Zur Vertiefung eignet sich besonders der Band Abitur-Wissen Religion: Jesus Christus von Julia Rüttgers, Stark Verlag: Freising 2000.

5.1   Die Entstehung der neutestamentlichen Schriften

Der Zeitpunkt der Entstehung der neutestamentlichen Schriften wird von den Bibelwissenschaftlern aufgrund von wechselseitigen Bezügen der Texte und von zeitgeschichtlichen Anspielungen erschlossen (z. B. Zerstörung Jerusalems durch die Römer im Jahre 70 n. Chr.). Relativ sicher ist die Datierung der Paulusbriefe, weil sie bestimmte Gemeindegründungen des Paulus voraussetzen und außerdem die Apostelgeschichte eine Chronologie der Reisen des Paulus bietet. Unsicher ist die Datierung der „Pseudepigraphen", d. h. derjenigen neutestamentlichen Schriften, die unter dem Pseudonym eines angesehenen Mitglieds der christlichen Urgemeinde veröffentlicht worden sind; dazu zählt als späteste Schrift der 2. Petrusbrief. Die folgende Tabelle dient der Orientierung; jeder Neutestamentler datiert etwas unterschiedlich.

Neutestamentliche Schrift	Abkürzung	Entstehungszeit
Evangelium nach Matthäus	Mt	um 80 n. Chr.
Evangelium nach Markus	Mk	um 70 n. Chr.
Evangelium nach Lukas	Lk	80–90 n. Chr.
Evangelium nach Johannes	Joh	90–100 n. Chr.
Apostelgeschichte	Apg	80–90 n. Chr.
Brief an die Römer	Röm	56/57 n. Chr.
1. Brief an die Korinther	1 Kor	53–55 n. Chr.
2. Brief an die Korinther	2 Kor	55–57 n. Chr.
Brief an die Galater	Gal	55/56 n. Chr.
Brief an die Epheser	Eph	um 90 n. Chr.
Brief an die Philipper	Phil	54/55 n. Chr.
Brief an die Kolosser	Kol	75–80 n. Chr.
1. Brief an die Thessalonicher	1 Thess	50/51 n. Chr.
2. Brief an die Thessalonicher	2 Thess	um 95 n. Chr.
1. Brief an Timotheus	1 Tim	um 100 n. Chr.
2. Brief an Timotheus	2 Tim	um 100 n. Chr.
Brief an Titus	Tit	um 100 n. Chr.
Brief an Philemon	Phlm	55 n. Chr.
Brief an die Hebräer	Hebr	80–90 n. Chr.

Neutestamentliche Schrift	Abkürzung	Entstehungszeit
Brief des Jakobus	Jak	um 100 n. Chr.
1. Brief des Petrus	1 Petr	90–100 n. Chr.
2. Brief des Petrus	2 Petr	120–140 n. Chr.
1. Brief des Johannes	1 Joh	kurz nach 100 n. Chr.
2. Brief des Johannes	2 Joh	kurz nach 100 n. Chr.
3. Brief des Johannes	3 Joh	kurz nach 100 n. Chr.
Brief des Judas	Jud	um 100 n. Chr.
Offenbarung des Johannes	Offb	um 95 n. Chr.

5.2 Jesu Botschaft vom Reich Gottes

Um das Jahr 30 n. Chr. tritt im römisch besetzten Palästina der jüdische Wanderprediger **Jesus von Nazaret** auf. Was ist der **Kern der Verkündigung Jesu?** Bei einer Meinungsumfrage werden viele Christen das Gebot der Nächstenliebe nennen. Andere werden auf Jesu Gottesbild hinweisen: Gott als der liebende Vater aller Menschen. Wieder andere werden den christlichen Glauben an die Auferstehung der Toten anführen. All dies sind wichtige Aspekte der Verkündigung Jesu; sie sind jedoch nicht das Spezifische seiner Botschaft: Die **Nächstenliebe** ist bereits ein Gebot des Alten Testaments (vgl. Lev 19,18); allenfalls ihre Zuspitzung in der Feindesliebe ist jesuanisch (vgl. Mt 5,44). Die Vorstellung von **Gott als Vater** begegnet mehrfach im Alten Testament (z. B. Dtn 32,6; Jes 63,16); neuartig ist nur die vertrauliche Anredeform „Abba" im Munde Jesu (vgl. Mk 14,36) und die allgemeine Gebetsanrede Gottes als „Vater unser" (Mt 6,9). Ebenso begegnet der **Auferstehungsglaube** schon in späten Zeugnissen des Alten Testaments (vgl. Jes 26,19; Dan 12,2; 2 Makk 7,9); er wird zur Zeit Jesu von den Pharisäern geteilt und nur von den Sadduzäern abgelehnt (vgl. Mk 12,18–27; Apg 23,6–9).

Das Neue Testament selbst fasst den Kern der Verkündigung Jesu so zusammen:

> Mk 1,14 Nachdem man Johannes ins Gefängnis geworfen hatte, ging Jesus wieder nach Galiläa; er verkündete das Evangelium Gottes
> 15 und sprach: „Die Zeit ist erfüllt, das Reich Gottes ist nahe. Kehrt um, und glaubt an das Evangelium!"

Kern der Botschaft Jesu ist demnach das **Reich Gottes** (griech. *basileía tou theou*). Dieser griechische Ausdruck wird auch mit „Königsherrschaft" oder „Königreich" Gottes übersetzt. Der Begriff *basileia tou theou* bezeichnet zum einen die Tatsache, dass Gottes Wille im Leben der Menschen wirksam wird („Gott herrscht als König"); zum anderen bezeichnet er den Geltungsbereich, in dem Gottes Wille wirksam wird („Reich der Gerechtigkeit und des Friedens"). Der Evangelist Matthäus ersetzt den Ausdruck „Reich Gottes" meistens durch „Himmelreich". Dieser Ausdruck entspricht jedoch nicht dem Sprachgebrauch Jesu und verleitet heute leicht zu der falschen Annahme, das Reich Gottes würde erst nach dem Tod des einzelnen Menschen anbrechen. Kennzeichnend für Jesu Botschaft vom Reich Gottes ist aber gerade die **Spannung** zwischen dem **Schon** und dem **Noch-nicht**: Das Reich Gottes ist mit dem Auftreten Jesu schon angebrochen, aber es ist noch nicht vollendet.

Jesus hat in zahlreichen Einzelworten, durch Gleichnisse, aber auch durch Zeichenhandlungen und Wundertaten das Reich Gottes verkündet. Von den in den Evangelien überlieferten Worten über das Reich Gottes gehen wenigstens einige direkt auf Jesus zurück. Manche sprechen eindeutig von der **Gegenwart** des Reiches Gottes:

Lk 10,23 Selig sind die, deren Augen sehen, was ihr seht.

11,20 Wenn ich aber die Dämonen durch den Finger Gottes austreibe, dann ist doch das Reich Gottes schon zu euch gekommen.

17,20 [...] Das Reich Gottes kommt nicht so, dass man es an äußeren Zeichen erkennen könnte.

21 Man kann auch nicht sagen: Seht, hier ist es!, oder: Dort ist es! Denn: Das Reich Gottes ist (schon) mitten unter euch.

Andere Jesus-Worte erwarten das Reich Gottes in unmittelbarer **Zukunft**:

Lk 6,20 [...] Selig, ihr Armen, denn euch gehört das Reich Gottes.

21 Selig, die ihr jetzt hungert, denn ihr werdet satt werden. Selig, die ihr jetzt weint, denn ihr werdet lachen.

11,2 [...] Wenn ihr betet, so sprecht: Vater, dein Name werde geheiligt. Dein Reich komme.

Mk 14,25 Amen, ich sage euch: Ich werde nicht mehr von der Frucht des Weinstocks trinken bis zu dem Tag, an dem ich von neuem davon trinke im Reich Gottes.

In jedem Fall ist das Kommen des Reiches Gottes für Jesus ein **eschatologisches Geschehen** (von griech. *és-chaton* „das Äußerste, Letzte"): ein Geschehen, das am **Ende der Zeit** stattfindet. Dieses Ende stand für Jesus und die Urgemeinde unmittelbar bevor (man spricht daher von der **„Naherwartung"**). Wegen der Verzögerung der Wiederkunft Christi (sog. „Parusieverzögerung", von griech. *parusia:* Ankunft) verschiebt sich in der christlichen Predigt die Gegenwart des Reiches Gottes aber ganz in Richtung auf die Zukunft, die Erwartung des Jüngsten Gerichts (vgl. 2 Petr 3, 8–13). Umso wichtiger ist es, im Bewusstsein zu behalten, dass mit Jesus Christus das Reich Gottes schon angebrochen ist und in unserer Gegenwart sichtbar werden soll!

5.3 Gleichnisse Jesu

Die besondere Form der Verkündigung Jesu sind die **Gleichnisse:** „Er redete nur in Gleichnissen zu ihnen; seinen Jüngern aber erklärte er alles, wenn er mit ihnen allein war" (Mk 4, 34). Ein Gleichnis verwendet ein **Bild**, durch das die gemeinte **Sache** – bei Jesus: das **Reich Gottes** – veranschaulicht werden soll. Die Gattungskritik unterteilt die Gleichnisse in weitere Untergattungen: Bildworte, Gleichnisse im engeren Sinn, Parabeln und Beispielerzählungen.

Weizen

Jesus wählt für seine Gleichnisse alltägliche Bilder, z. B. von Aussaat und Ernte in Palästina.

- **Bildworte** stellen den gemeinten Sachverhalt in **direkter bildlicher Umschreibung** dar (ähnlich wie die Metapher). Ein Beispiel dafür ist Mk 2, 22: „Neuer Wein gehört in neue Schläuche." Bildworte sind aus dem Kontext verständlich: Hier ist die Neuartigkeit der Botschaft Jesu gemeint, durch die auch die Fastenregeln für seine Jünger aufgehoben sind.

- **Gleichnisse im engeren Sinn** erzählen **alltägliche Begebenheiten** aus dem Leben Palästinas. Dazu gehören z. B. die Wachstumsgleichnisse: das Gleichnis vom Sämann (Mk 4,1–9), das Gleichnis von der selbstwachsenden Saat (Mk 4,26–29), das Gleichnis vom Senfkorn (Mk 4,30–32). Aber auch das Gleichnis vom Sauerteig (Lk 13,20 f.) oder das Gleichnis vom verlorenen Schaf (Lk 15,3–7) verwenden Bilder aus dem vertrauten bäuerlichen Leben. Der Bezug zur gemeinten Sache wird teilweise schon im Einleitungssatz hergestellt: „Womit sollen wir das Reich Gottes vergleichen, mit welchem Gleichnis sollen wir es beschreiben?" (Mk 4,30).

- **Parabeln** (von griech. *parabolé*: Gleichnis) erzählen ein **ungewöhnliches, vergangenes Ereignis,** das einen gleichnishaften Bezug enthält. Dazu gehören z. B. das Gleichnis vom Festmahl (Lk 14,15–24): Unbegreiflicherweise sagen alle geladenen Gäste ab, woraufhin der Hausherr die Bettler von der Straße hereinholt; das Gleichnis vom verlorenen Sohn (Lk 15,11–32): Die Liebe des Vaters ist so groß, dass er den zurückgekehrten Sohn voller Freude wieder aufnimmt; das Gleichnis von den Arbeitern im Weinberg (Mt 20,1–16): Unverständlicherweise erhalten die Arbeiter der elften Stunde denselben Lohn wie die der ersten Stunde. Auch die Parabeln Jesu beziehen sich auf das Reich Gottes; der gemeinsame Vergleichspunkt (lat. *tertium comparationis*) ist aber oft nicht gleich zu erkennen. Daher regen Parabeln immer wieder neu zum Nachdenken an.

- **Beispielerzählungen** handeln von einem **vorbildlichen Einzelfall.** Das berühmteste biblische Beispiel ist die Erzählung vom barmherzigen Samariter (Lk 10,30–37): Auf die Frage des Gesetzeslehrers „Und wer ist mein Nächster?" antwortet Jesus mit dem Beispiel des Samariters, der sich als der Nächste des Mannes erweist, der unter die Räuber gefallen ist. Bei dieser Erzählung geht es nicht so sehr um eine Übertragung, als um die Konkretisierung des Gebotes der Nächstenliebe. Überraschend ist an dem von Jesus gewählten Beispiel, dass gerade ein Mann von den Samaritern – die nach Meinung der Judäer vom rechten Jahwe-Glauben abgefallen sind (siehe S. 66) – das Gebot der Nächstenliebe erfüllt.

Die Gleichnisdeutung ist ein Grundproblem der biblischen Hermeneutik. Schon das älteste Evangelium, das des Markus, stellt eine Gleichnistheorie auf und bietet eine **allegorische Deutung** für das Gleichnis vom Sämann, bei dem jedes Element der Bildhälfte auf die Sachhälfte übertragen wird (vgl. Mk 4,13–20): Der Same ist das Wort; die unterschiedliche Beschaffenheit des Bodens entspricht dem unterschiedlichen Charakter der Menschen, die Jesu

Botschaft vom Reich Gottes hören. Diese Art der wörtlichen Übertragung wurde aber in der Exegese seit Ende des 19. Jahrhunderts als nicht angemessen beurteilt: Nach der einflussreichen Gleichnistheorie von A. Jülicher zielten die Gleichnisse Jesu nur auf **einen zentralen Vergleichspunkt** ab, eben das *„tertium comparationis"*. Dieser Vergleichspunkt ist z. B. im Gleichnis vom Senfkorn der Kontrast zwischen den bescheidenen Anfängen und der späteren Größe des Gottesreiches.

Neuere Gleichnistheorien weisen allerdings darauf hin, dass auch diese Methode die Gleichnisdeutung zu sehr einschränkt und der besonderen Form der Gleichnisrede nicht gerecht wird: Ein Gleichnis lässt sich nicht gänzlich in erklärende Sprache übersetzen, sondern kann das Gemeinte teilweise nur **metaphorisch** ausdrücken. Daher muss der Hörer sich in das erzählte Bild hineindenken und darf seine Bedeutung nicht auf begriffliche Formeln reduzieren. Was das Reich Gottes ausmacht, kommt also gerade darin zum Vorschein, was Jesus in seinen Gleichnissen beschreibt!

Zusammenfassung: Jesu Botschaft vom Reich Gottes – Gleichnisse Jesu

Kern der Verkündigung Jesu ist die **Botschaft vom Reich Gottes** (*basileía tou theou*). Jesus verkündet, dass das Gottesreich jetzt anbricht.

Kennzeichnend für das Reich Gottes ist aber die **Spannung zwischen dem Schon und dem Noch-nicht:** Auf der einen Seite ist das Reich Gottes in Jesu Person, Worten und Taten schon da, auf der anderen Seite ist es noch nicht vollendet.

Jesus spricht in **Gleichnissen** vom Reich Gottes. Diese Sprachform verwendet **Bilder** aus dem alltäglichen Leben Palästinas oder **Parabeln** mit einer überraschenden Pointe, um das Besondere des Reiches Gottes auszudrücken.

Das Kommen des Reiches Gottes ist ein **eschatologisches Ereignis,** ein Geschehen am Ende der Zeit. Seit Jesus Christus ist das Ende der Zeit somit schon angebrochen. Die Vollendung des Reiches Gottes erwarten Christen bei der Wiederkunft Christi.

5.4 Jesu Auftreten und Wundertaten

Zu Beginn seines öffentlichen Auftretens wirkt Jesus in dem galiläischen Ort Kafarnaum: Jesus lehrt dort in der Synagoge und heilt einen Besessenen (Mk 1,21–28). Bemerkenswert sind die **Reaktionen** der Anwesenden: „Und die Menschen waren sehr betroffen von seiner Lehre; denn er lehrte sie wie einer, der (göttliche) Vollmacht hat [...]. Und einer fragte den andern: Was hat das zu bedeuten? Hier wird mit Vollmacht eine ganz neue Lehre verkündet. Sogar die unreinen Geister gehorchen seinem Befehl" (Mk 1,22.27). Die Faszination für Jesus geht einerseits also von seiner **Lehre** aus, andererseits von seinen außergewöhnlichen **Taten**. Durch das „Wunder" der Dämonenaustreibung wird Jesus zu Beginn seines öffentlichen Auftretens als Gesandter Gottes beglaubigt.

Die **Wunder Jesu** sind im naturwissenschaftlich geprägten 20. Jahrhundert mit besonderer Skepsis betrachtet worden. Vor allem die **„Naturwunder"** haben Zweifel hervorgerufen: Wie konnte Jesus einen Seesturm stillen (Mk 4, 35–41)? Wie konnte Jesus 5000 Menschen mit nur fünf Broten und zwei Fischen speisen (Mk 6,35–44)? Wie konnte Jesus über das Wasser laufen (Mk 6,45–52)? Die **Krankenheilungen und Dämonenaustreibungen** (Mk 1,32–34) würde man Jesus vielleicht noch zutrauen, aber was ist dann mit den **Totenerweckungen** (Mk 5,35–43)?

Brotvermehrung; Evangeliar aus Echternach, um 1040.

Die heutigen Schwierigkeiten mit den neutestamentlichen Wunderberichten resultieren vor allem aus einer Veränderung im **Wunderbegriff**. Für den modernen Menschen erscheint insbesondere die **Durchbrechung von Naturgesetzen** als das Außerordentliche eines Wunders. Für die Bibel steht dieser Aspekt aber keineswegs im Vordergrund: Zwar gehört auch zu dem, was die Bibel „Zeichen", „Wunder" oder „Machttaten Gottes" nennt, der Aspekt des Außergewöhnlichen hinzu. Im Zentrum aber steht etwas anderes: **Gott handelt hier und jetzt** – und dieses göttliche Handeln ist für den **glaubenden Menschen** erfahrbar. Ein moderner Neutestamentler hat daher folgende Definition dafür gegeben, was die Bibel Wunder nennt: „Wunder sind auffallende Ereignisse, die von glaubenden Menschen als Zeichen des Heilshandelns Gottes verstanden werden."[41]

Jesus heilt einen Blinden; Darstellung auf einem römischen Sarkophag aus dem 4. Jh.

Die „auffallenden Ereignisse" bedeuten für sich allein also noch gar nichts! Vielmehr muss sich Jesus sogar verteidigen, weil man ihm vorwirft: „Er ist von Beelzebul besessen; mithilfe des Anführers der Dämonen treibt er die Dämonen aus" (Mk 3,22). Oder es heißt, als Jesus in seiner Heimatstadt Nazaret auf Unglauben stößt, „konnte er dort kein Wunder tun" (Mk 6,5). Umgekehrt heißt es bei Krankenheilungen mehrfach: „Dein Glaube hat dir geholfen!" (die blutende Frau Mk 5,34; der Blinde Mk 10,52; der Aussätzige Lk 17,19).

Die **Wunder Jesu** setzen somit bei seinen Zeitgenossen die Bereitschaft voraus, in seinen heilbringenden Handlungen Gott am Werk zu sehen. Die Wunder sind **Zeichen, aber keine Beweise** für das Wirken Gottes in der Welt.

Neben den Wundern Jesu gibt es eine Reihe weiterer Handlungen, die für Jesus charakteristisch sind:

---

41 Alfons Weiser: Was die Bibel Wunder nennt. Sachbuch zu den Berichten der Evangelien, Stuttgart 1975/1992, S. 20.

- Die **Auswahl der Zwölf** (Mk 3,13–19): Jesus wählt aus dem Kreis seiner Anhänger eine kleinere Gruppe von zwölf Jüngern aus (später als „die zwölf Apostel" bezeichnet), die symbolisch für die zwölf Stämme Israels stehen.

- Jesus wendet sich in besonderer Weise den **Verachteten und Ausgestoßenen** seiner Zeit zu. Unter diesen Menschen sind Kranke und Besessene (Mk 1,32–34); Aussätzige (Mk 1,40–45); Zöllner, darunter der Zöllner Zachäus (Lk 19,1–10); eine Sünderin, die Jesus salbt (Lk 7,36–50); eine Ehebrecherin, die gesteinigt werden soll (Joh 8,1–10). Jesus wird sogar abfällig ein „Fresser und Säufer, Freund der Zöllner und Sünder" genannt (Lk 7,34)!

- In **Streitgesprächen** mit den Schriftgelehrten und Pharisäern tritt Jesus mit einem besonderen Vollmachtanspruch auf, der z. B. die Missachtung des Sabbatgebots oder der Reinheitsgebote einschließen kann (vgl. Mk 3,1–6; 7,1–23).

- In einer symbolischen **Tempelreinigung** vertreibt Jesus die Händler aus dem Vorhof des Tempels und stößt die Tische der Geldwechsler um (Mk 11, 15–19). Jesus beruft sich auf die endzeitliche Tempelvision des Propheten Jesaja (Jes 56,7) und kritisiert den gegenwärtigen Kult mit den Worten des Propheten Jeremia (Jer 7,11): „Heißt es nicht in der Schrift: Mein Haus soll ein Haus des Gebetes für alle Völker sein? Ihr aber habt daraus eine Räuberhöhle gemacht!"

- Beim **Letzten Abendmahl** gibt Jesus der jüdischen Paschafeier einen neuen Sinngehalt, indem er Brot und Wein auf sein eigenes Leiden und Sterben hin deutet: „Nehmt, das ist mein Leib" – „Das ist mein Blut, das Blut des Bundes, das für viele vergossen wird" (Mk 14,22.24).

Jesus ist also mit einem ganz **einzigartigen Anspruch** aufgetreten: In seiner Person, seinen Worten und Taten zeigt sich das endzeitliche Handeln Gottes. Auch wenn Jesus selbst die später für ihn verwendeten **„Hoheitstitel"** *Christus, Kyrios* und *Sohn Gottes* nicht verwendet hat, bleibt dieser Anspruch in den Worten und Taten des historischen Jesus bestehen.

Zusammenfassung: Jesu Auftreten und Wundertaten

Jesus von Nazaret ist mit einem einzigartigen **Vollmachtanspruch** aufgetreten: Aus seinen Worten und Taten ist erkennbar, dass er sich als Repräsentant der anbrechenden Gottesherrschaft versteht.

Jesus wendet sich in besonderer Weise den gesellschaftlich **Ausgestoßenen** seiner Zeit zu, den Kranken, Zöllnern und Dirnen. Er nimmt dabei den Konflikt mit der religiösen Oberschicht in Kauf.

Durch verschiedene **Zeichenhandlungen** macht Jesus die Nähe des Reiches Gottes anschaulich: Dazu gehören die Wahl des Zwölferkreises, die Tempelreinigung oder das Letzte Abendmahl.

Eine Reihe von außergewöhnlichen Taten Jesu werden heute als **Wunder** bezeichnet. Für die Bibel geht es bei diesen Ereignissen aber nicht um die Durchbrechung von Naturgesetzen, sondern um die Erfahrung der Nähe Gottes durch glaubende Menschen.

5.5 Die Bergpredigt

Der Evangelist Matthäus hat aus verschiedenen Jesusworten eine große Rede zusammengestellt (Mt 5–7), die er programmatisch an den Anfang des Auftretens Jesu stellt: „Als Jesus die vielen Menschen sah, stieg er auf einen Berg. [...] Dann begann er zu reden und lehrte sie" (Mt 5,1 f.). Wegen des erwähnten Ortes wird diese Rede auch als **„Bergpredigt"** bezeichnet. (Der Evangelist Lukas hat einen Teil dieser Rede in Lk 6,20–49 ebenfalls überliefert; sie wird nach dem entsprechenden Ort bei ihm aber „Feldrede" genannt.) Die Bergpredigt enthält wichtige **ethische Regeln** für das Handeln der Christen in der Welt.

Mt 5,3–12: Die **Seligpreisungen:** Selig die Armen, Trauernden, Gewaltlosen, Gerechtigkeitsliebenden, Barmherzigen, reinen Herzens, Friedensstifter, Verfolgten.

Mt 5,13–16: Bildwort vom Salz der Erde und Licht der Welt.

Mt 5,17–20: Jesu Haltung zur Tora.

Mt 5,21–48: Die **„Antithesen"** (Gegenüberstellungen: Ihr habt gehört ..., ich aber sage euch ...): Vom Töten, Vom Ehebruch, Von der Ehescheidung, Vom Schwören, Von der Vergeltung, Von der **Feindesliebe.**

Mt 6,1–34: Die wahre Frömmigkeit: Vom Almosen, Vom Beten **(Vaterunser),** Vom Fasten, Von der falschen und der rechten Sorge.

Mt 7,1–27: Verschiedene Weisungen: Vom Richten, Vom Heiligen, Vom Vertrauen beim Beten, Die **Goldene Regel,** Die zwei Wege, Von den falschen Propheten, Vom Haus auf dem Felsen.

Von den Worten der Bergpredigt sind die Seligpreisungen, das Vaterunser und die Goldene Regel am leichtesten zugänglich: Die **Seligpreisungen** stellen den Menschen, denen es jetzt schlecht geht, das Reich Gottes in Aussicht. Das **Vaterunser** ist ein beispielhaftes Gebet für die Jünger Jesu, das in seinem Grundbestand auf Jesus selbst zurückgeht (vgl. Lk 11,2–4). Die **Goldene Regel** (Mt 7,12: „Alles, was ihr von anderen erwartet, das tut auch ihnen") ist eine allgemeine Verhaltensmaxime für das Zusammenleben der Menschen, die in vielen Kulturen bekannt ist.

Schwierig ist dagegen der enorme ethische Anspruch, der sich mit den **„Antithesen"** verbindet: Nicht töten, nicht ehebrechen, nicht falsch schwören, den Nächsten lieben – das genügt angesichts des kommenden Gottes-

reiches nicht mehr! Jesus hebt diese Gebote der Tora nicht auf, aber er überbietet sie: „Wenn eure Gerechtigkeit nicht weit größer ist als die der Schriftgelehrten und der Pharisäer, werdet ihr nicht in das Himmelreich kommen"
(Mt 5,20). Die „Schriftgelehrten und Pharisäer" stehen dabei für diejenigen
Gruppen im Judentum, die sich voller Ernsthaftigkeit bemühen, alle 613 Gebote der Tora zu erfüllen. Doch selbst das genügt Jesus nicht: Die Jünger Jesu
sollen dem Bruder nicht einmal zürnen und die Frau des anderen nicht einmal
begehrlich ansehen; sie sollen überhaupt nicht schwören und ihrem Gegner
auch noch die andere Wange hinhalten! Noch mehr scheint das Gebot der
Feindesliebe eine völlige Überforderung: Den Feind nicht nur ertragen, sondern ihn lieben und für seine Verfol-
ger beten, das kann man wohl von kei-
nem Menschen erwarten.

Allerdings hat das Gebot der Feindesliebe seinen Ursprung schon in der
Tora. Diese überraschende Erkenntnis
widerspricht anscheinend dem Wortlaut von Mt 5,43: „Ihr habt gehört,
dass gesagt worden ist: Du sollst deinen Nächsten lieben und deinen Feind
hassen." Das Gebot der Nächstenliebe
findet sich in der Tat schon in Lev 19,
18; die negative Ergänzung steht jedoch nicht im Alten Testament. Vielmehr heißt es dort schon in der ältes-

Ernst Barlach: Selig sind die Barmherzigen, 1916.

ten Gesetzessammlung: „Wenn du dem verirrten Rind oder dem Esel deines
Feindes begegnest, sollst du ihm das Tier zurückbringen. Wenn du siehst, wie
der Esel deines Gegners unter der Last zusammenbricht, dann lass ihn nicht im
Stich, sondern leiste ihm Hilfe!" (Ex 23,4 f.). Wegen mancher christlicher Vor-
urteile gegenüber dem jüdischen Gesetz ist es wichtig, an diese Torastelle zu
erinnern.

Weil die Weisungen der Bergpredigt in der Praxis nur schwer zu erfüllen sind,
hat es in der 2000-jährigen Geschichte des Christentums verschiedene **Erklä-
rungsversuche** gegeben. Eine Deutung (in protestantischer Tradition) hebt
darauf ab, dass gerade die Unerfüllbarkeit der Bergpredigt dem Menschen das
Angewiesensein auf die **Gnade Gottes** vor Augen stelle.

Eine andere Deutung (in katholischer Tradition) sieht in der Bergpredigt ein Verhaltensideal nur für den kleinen Kreis der **Jünger** bzw. später der Kleriker oder Ordensleute. Wieder andere Deutungen sehen die Bergpredigt vor dem Hintergrund der **Naherwartung** des Gottesreiches und verstehen sie als eine Ethik der „Zwischenzeit" (so z. B. Albert Schweitzer). In politischen Zusammenhängen wird die Bergpredigt – mit der Begrifflichkeit des Soziologen Max Weber – auch oft als **„Gesinnungsethik"** bezeichnet und gegenüber politischer „Verantwortungsethik" abgegrenzt: „Mit der Bergpredigt lässt sich keine Politik machen!"

Demgegenüber ist daran festzuhalten, dass Jesus tatsächlich das **Handeln** nach den Worten der Bergpredigt fordert: „Wer diese meine Worte hört *und danach handelt,* ist wie ein kluger Mann, der sein Haus auf Fels baute" (Mt 7, 24). Freilich ist das Ideal Jesu so hoch, dass es aus menschlicher Kraft nicht zu erreichen ist: „Ihr sollt also vollkommen sein, wie es auch euer himmlischer Vater ist" (Mt 5, 48). Für das **Reich Gottes** genügt eben nicht die gewöhnliche irdische Gerechtigkeit, sondern nur das Streben nach Vollkommenheit. Der Christ soll dieses Fernziel vor Augen haben und sich – im Vertrauen auf Gottes Hilfe – täglich um ein immer besseres Gelingen bemühen.

Zusammenfassung: Die Bergpredigt

Die Bergpredigt Mt 5–7 enthält die **Ethik Jesu.** Diese Ethik orientiert sich ganz am **Reich Gottes.** Wichtige Bestandteile sind die Seligpreisungen, die Antithesen, das Gebot der Feindesliebe, das Vaterunser und die Goldene Regel.

Jesus hebt die Gebote der Tora nicht auf, aber er überbietet sie noch in den **Antithesen:** „Ihr habt gehört ..., ich aber sage euch ..."

Während die **Goldene Regel** lediglich ein Gleichgewicht zwischen den Erwartungen an andere und den eigenen Taten herstellt, radikalisiert sich die Ethik Jesu im Gebot der **Feindesliebe:** Sogar, wenn ich nichts Gutes vom anderen Menschen zu erwarten habe, soll ich ihn lieben! Hier stößt das **Vollkommenheitsideal** der Bergpredigt im alltäglichen Leben an seine Grenzen.

Das **Vaterunser** und die Aufforderung zum vertrauensvollen Gebet sind in der Bergpredigt der Hinweis darauf, dass auch die bruchstückhafte Verwirklichung der jesuanischen Ethik nur mit Gottes Hilfe gelingen kann.

5.6 Jesu Prozess und Tod

Die älteste zusammenhängende Darstellung von Leiden und Sterben Jesu findet sich im Markusevangelium (Mk 14–15). Die beiden anderen Synoptiker, Mt und Lk, haben diesen Passionsbericht übernommen und teilweise durch eigene Überlieferungen ergänzt. Das Johannesevangelium bietet eine eigene Gestaltung der Passion Jesu, die im Gesamtablauf aber der synoptischen Passionsgeschichte entspricht. Folgende **Stationen** sind gemeinsam:

1. Beschluss der Hohenpriester und Schriftgelehrten, Jesus zu töten (Mk 14, 1–2; Joh 11,47–53).

2. Absicht des Judas, Jesus zu verraten (Mk 14,10 f.; Joh 13,2).

3. Das Abendmahl (Mk 14,22–25) bzw. die Fußwaschung (Joh 13,1–20).

4. Verhaftung Jesu im Garten Getsemani (Mk 14,43–52; Joh 18,1–11).

5. Verhör Jesu durch die jüdische Obrigkeit (Mk 14,53–65; Joh 18,12–14. 19–24).

6. Verleugnung Jesu durch Petrus (Mk 14,66–72; Joh 18,15–18.25–27).

7. Verhör und Verurteilung Jesu durch Pilatus (Mk 15,1–15; Joh 18,28–19,16).

8. Kreuzigung und Tod Jesu (Mk 15,20–41; Joh 19,17–37).

9. Begräbnis Jesu (Mk 15,42–47; Joh 19,38–42).

Der **Leidensweg Jesu** beginnt nach der Darstellung der Evangelien mit dem Todesbeschluss durch die jüdische Obrigkeit; er führt über Verrat, Verhaftung und Verhör vor dem Hohen Rat zum Prozess vor dem römischen Statthalter, welcher mit dem Todesurteil und der Kreuzigung Jesu endet. Die biblische Darstellung des Prozesses gegen Jesus ist nach unserer heutigen Kenntnis der jüdischen und römischen Gesetze der Zeit insgesamt historisch plausibel. Warum aber musste Jesus sterben? Das Neue Testament gibt darauf eine zweifache Antwort:

- **Religiöse Gründe:** Wohl weniger die Pharisäer, mit denen Jesus um die richtige Auslegung der Tora stritt, als vielmehr die Sadduzäer, die Jerusalemer „Hohenpriester und Schriftgelehrten", nahmen Anstoß am **Vollmachtanspruch Jesu.** Im Verhör vor dem Hohen Rat wird Jesus gefragt: „Bist du der Messias, der Sohn des Hochgelobten?" (Mk 14,61). Jesus antwortet auf diese Frage, indem er die Schrift zitiert (vgl. Dan 7,13; Ps 110,1): „Ich bin es; und ihr werdet den Menschensohn zur Rechten der Macht sitzen und mit den Wolken des Himmels kommen sehen." Daraufhin wird er wegen **Gotteslästerung** zum Tode verurteilt. In dem Dialog mit dem Hohenpriester sind allerdings verschiedene christologische Hoheitstitel kombiniert, die erst die nachösterliche Gemeinde auf Jesus angewendet hat: Messias, Sohn Gottes, Menschensohn. Doch auch wenn dieser Dialog kein wörtliches Protokoll ist, gibt er sachgerecht wieder, weshalb Jesus durch sein Auftreten in Widerspruch zur jüdischen Orthodoxie – den strenggläubigen Religionshütern – geraten musste.

- **Politische Gründe:** Für die **jüdische Obrigkeit** erschien der Wanderprediger aus Galiläa als ein Unruhestifter, der den mühsam gefundenen Kompromiss mit der römischen Besatzungsmacht gefährdete: Sehr leicht konnte eine Aktion wie die **Tempelreinigung** zu Unruhen und zum blutigen Eingreifen der Römer führen – zumal sich der Statthalter Pontius Pilatus bei derartigen Vorfällen schon bisher nicht zimperlich gezeigt hatte.

Pilatus kommt in der Passionsgeschichte viel zu gut weg! Eine Anspielung auf die Brutalität dieses römischen Statthalters findet sich noch in Lk 13,1: „Zu dieser Zeit kamen einige Leute zu Jesus und berichteten ihm von den Galiläern, deren Blut Pilatus mit dem ihrer Opfertiere vermischte." Wie andere historische Quellen berichten, scheute Pilatus vor bewussten Provokationen der Juden nicht zurück, z. B. durch Aufstellung von Feldzeichen mit dem Bild des Kaisers oder durch Zweckentfremdung des Tempelschatzes. Wegen eines weiteren Massakers wurde Pilatus im Jahr 36 n. Chr. abgesetzt und nach Rom zurückbeordert.

 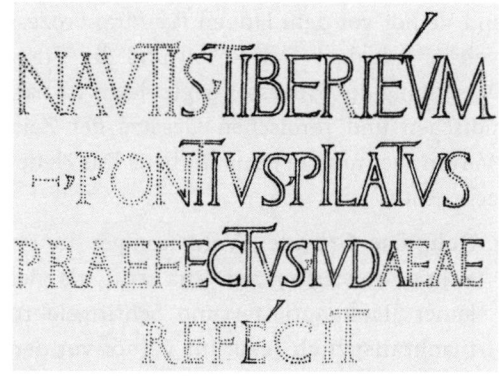

Die Pilatusinschrift wurde 1961 in Cäsarea gefunden; sie bezeugt, dass Pontius Pilatus zur Zeit von Kaiser Tiberius „Praefectus Iudaeae" (Präfekt von Judäa) war.

Wegen der großen Anhängerschaft Jesu sollte seine Verhaftung aber heimlich vor sich gehen (vgl. Mk 14,2). Die Motive für den **Verrat des Judas** bleiben allerdings ungeklärt. Mt 26,14–16 und Joh 12,6 unterstellen ihm primitive Geldgier; neuere Ausleger vermuten eher, dass Judas von Jesus enttäuscht war, weil dieser seine national-messianischen Erwartungen nicht erfüllte.

Für das **Todesurteil** wie für die Todesart der Kreuzigung waren jedoch die **Römer** verantwortlich. Jesus wird wegen Aufwiegelung des Volkes vor Pilatus angeklagt (vgl. Lk 23,2–5) und als politischer Aufrührer verurteilt. Der „Titulus", das Schild mit der Angabe seiner Schuld, lautet daher auch: „König der Juden" (Mk 15,26; Joh 19,19).

Pablo Picasso: Christuskopf, 1959.

Plausibel ist auch, dass zum Zeitpunkt seiner Verhaftung Jesus von allen Anhängern verlassen wurde (vgl. Mk 14,50). Insbesondere die wenig schmeichelhafte **Verleugnung durch Petrus** – einen der glühendsten Anhänger Jesu – belegt die Angst, die die Jünger ergriffen hatte. Ein Teil der Volksmenge ließ sich offensichtlich gegen Jesus aufwiegeln und lehnte das Angebot des Pilatus ab, Jesus anlässlich des Paschafestes zu amnestieren. Stattdessen verlangten sie die **Freigabe des Barabbas,** eines inhaftierten Aufrührers, und forderten für Jesus die Todesstrafe der Kreuzigung (Mk 15,6–15). Der Kreuzigung selbst ging die **Geißelung** als Begleitstrafe voraus (Mk 15,15), die für sich schon lebensbedrohlich sein konnte. Nach der **Verspottung** durch die römischen Soldaten musste der Verurteilte den Querbalken des Kreuzes selbst zur Hinrichtungsstätte schleppen (Mk 15,20 f.). Der gekreuzigte Jesus wurde von den Vorübergehenden mit Anspielungen auf die Gründe für seine Verurteilung verspottet (Mk 15,29–32). Von seinen Anhängern sahen nur einige Frauen von ferne zu (Mk 15,40 f.). Jesus starb mit dem Ruf der **Gottverlassenheit** Ps 22,2 auf den Lippen. Nach dem Tod Jesu bittet der Jerusalemer Ratsherr Josef von Arimathäa den Pilatus um die Freigabe des Leichnams und bestattet ihn noch vor Anbruch der Sabbatruhe in einem neuen **Felsengrab.**

Die **historischen Umstände** der Verurteilung Jesu sind kurz skizziert worden. Die **theologische Deutung** des Todes Jesu erfolgt dann durch die nachösterliche Gemeinde: Jesus ist der leidende Gottesknecht, der stellvertretend die Sünde der Welt auf sich genommen hat (vgl. Jes 53). Hier endet aber die historische Wissenschaft und beginnt der christliche Glaube.

Zusammenfassung: Jesu Prozess und Tod

Der **Leidensweg Jesu** wird in den drei synoptischen Evangelien und bei Johannes im Gesamtverlauf einheitlich dargestellt. Er beginnt mit dem Todesbeschluss durch die jüdische Obrigkeit und führt über Verrat, Verhaftung und Verhör vor dem Hohen Rat zum Prozess vor dem römischen Statthalter Pilatus, der mit dem Todesurteil und der Kreuzigung Jesu endet.

Religiöse Gründe für die Verurteilung Jesu waren sein **Vollmachtanspruch,** der ihn in unmittelbare Nähe zu Gott rückte und der in den Augen der jüdischen Orthodoxie als Gotteslästerung erschien.

Politische Gründe für die Verurteilung Jesu waren seitens der jüdischen **Obrigkeit** die Angst vor Aufruhr, die sich besonders an Jesu „Tempelaktion" entzündete. Für die **römische Besatzungsmacht** war Jesus einer der üblichen Volksaufwiegler, der als „König der Juden" am Kreuz hingerichtet wurde.

Die Darstellung der Umstände von Prozess und Hinrichtung Jesu **entsprechen** anderen historischen Informationen, die wir über die jüdische und römische Rechtspraxis der Zeit haben. Der Tod Jesu am Kreuz (wahrscheinlich am 7. April 30 n. Chr.) ist ein **historisches Faktum.**

Die **theologische Deutung** des Todes Jesu erfolgt erst „nach Ostern" durch die christliche Gemeinde. Jesus wird als der „**leidende Gottesknecht**" aus dem Buch Jesaja gesehen; sein Leiden gilt als stellvertretendes Sühneleiden für die Welt.

5.7   Die Ostererfahrung der ersten Christen

„Denn vor allem habe ich euch überliefert, was auch ich empfangen habe: Christus ist für unsere Sünden gestorben, gemäß der Schrift, und ist begraben worden. Er ist am dritten Tag auferweckt worden, gemäß der Schrift, und erschien dem Kephas, dann den Zwölf." Dieses **urchristliche Bekenntnis** findet sich im 1. Korintherbrief des Apostels Paulus (1 Kor 15,3–5). Paulus (der mit jüdischem Namen Saulus hieß) hatte selbst Jesus zu Lebzeiten nicht gekannt; vielmehr gehörte er zu den Christenverfolgern, die bei der Steinigung des Stephanus anwesend waren (Apg 7,58), und schloss sich erst nach einer persönlichen Christuserscheinung den Christen an (das sog. „Damaskuserlebnis" des Paulus; vgl. Apg 9 und Gal 1,10–24). Paulus zitiert also ein Bekenntnis, das ihm selbst schon um 55 n. Chr., als er den 1. Korintherbrief schrieb, von den Anhängern Jesu überliefert worden war: **gestorben – begraben – auferweckt – dem Kephas (Petrus) und den Zwölf erschienen.** Für das urchristliche Bekenntnis spielt der Glaube an die Auferweckung Jesu also schon bald die entscheidende Rolle: „Ist aber Christus nicht auferweckt worden, dann ist unsere Verkündigung leer und euer Glaube sinnlos", wie Paulus den Korinthern darlegt, die Zweifel an der Auferstehung der Toten haben (1 Kor 15,14). Wie kommt es zu dieser **Bedeutung der Auferweckung Jesu** für den christlichen Glauben?

Der Kreuzestod Jesu bedeutete für seine Anhänger die völlige Enttäuschung ihrer hoch gestimmten messianischen Erwartungen. Der Evangelist Lukas hat diese Stimmung im Gespräch der Emmaus-Jünger nachträglich eingefangen: „Er war ein Prophet, mächtig in Wort und Tat vor Gott und dem ganzen Volk. Doch unsere Hohenpriester und Führer haben ihn zum Tod verurteilen und ans Kreuz schlagen lassen. Wir aber hatten gehofft, dass er der sei, der Israel erlösen werde" (Lk 24,19–21). Insbesondere die **Hinrichtung am Kreuz** bedeutete nach jüdischer Vorstellung eine göttliche Verfluchung des Verurteilten: „Verflucht ist jeder, der am Pfahl hängt", wie Paulus in Gal 3,13 mit Bezug auf Dtn 21,22 f. zitiert. Daher war es nicht verwunderlich, dass die Jünger Jesu geflohen waren (Mk 14,50). Doch nach dem Tod Jesu muss etwas geschehen sein, was seine Jünger zu der Überzeugung führte, dass der gekreuzigte Jesus lebte! Das Neue Testament gibt diese Erfahrung in unterschiedlichen Deute-Erzählungen und Bekenntnisformeln wieder:

5.7.1 Erzählungen vom leeren Grab

Sowohl die Synoptiker als auch Johannes (mit verschiedenen Abweichungen) erzählen, dass am ersten Tag der Woche – dem dritten Tag seit dem Tod Jesu – Frauen zum Grab kamen, den Stein weggewälzt sahen und den Leichnam Jesu nicht mehr vorfanden. Stattdessen hätten ihnen Engel am Grab verkündet, dass Jesus auferweckt worden sei. – Das **leere Grab** versinnbildlicht die leibliche Auferstehung Jesu. Es wird in den christlichen Bekenntnisformeln allerdings nie als Glaubensinhalt angeführt; vielmehr heißt es sogar in Lk 24,11, dass die Apostel den Frauen nicht glaubten. Und Mt 28,11–15 weiß von der jüdischen Polemik, die Jünger Jesu hätten den Leichnam gestohlen. Somit genügt das leere Grab nicht als Beweis für die Auferstehung.

Die Frauen am Grab Jesu; Holzschnitt von Julius Schnorr von Carolsfeld, 1860.

5.7.2 Erzählungen von Jesus-Erscheinungen

Die urchristliche Bekenntnisformel in 1 Kor 15 enthält den Hinweis, dass Jesus einigen seiner Jünger nach der Auferstehung **erschienen** sei. Die Evangelien erzählen von mehreren solcher Jesus-Erscheinungen:

- Mk 16,7: Ankündigung einer Erscheinung vor Petrus und den Jüngern in Galiläa, die aber von Markus selbst nicht erzählt wird (Mk 16,9–20 ist ein Nachtrag mit einer Zusammenfassung von Erscheinungserzählungen aus den anderen Evangelien).

- Joh 20,11–18: Erscheinung vor Maria aus Magdala am Grab.

- Mt 28,9 f.: Erscheinung vor den Frauen, die vom Grab zurückkehren.

- Mt 28,16–20: Erscheinung vor den elf Jüngern in Galiläa.

- Lk 24,13–35: Erscheinung vor zwei Jüngern auf dem Weg nach Emmaus.

- Lk 24,36–53 und Apg 1,1–8: Erscheinungen vor den Elf und den anderen Jüngern in Jerusalem.

- Joh 20,19–29: Erscheinung vor den Jüngern und vor Thomas in Jerusalem.

- Joh 21,1–23: Erscheinung vor Petrus und anderen Jüngern am See von Tiberias.

Christus in Emmaus;
Holzschnitt von Karl
Schmidt-Rottluff, 1918.

Die Evangelien enthalten somit eine Reihe von Erscheinungserzählungen, die an der Erfahrung von Jesus-Erscheinungen in der Urgemeinde keinen Zweifel lassen. Umstritten ist in der neueren Exegese, ob es sich dabei um tatsächliche **Visionen** oder um **„Erschließungserfahrungen"** gehandelt hat, in denen den Jüngern nach dem Tod Jesu aufging: „Die Sache Jesu geht weiter!"[42] In jedem Fall erfuhren die frühen Christen, dass der gekreuzigte Jesus weiter unter ihnen gegenwärtig war.

---

42 Eine solche „Entmythologisierung" der Verkündigung (griech. *kérygma*) von der Auferstehung wurde besonders im Gefolge des evangelischen Theologen Rudolf Bultmann (1884–1976) vertreten.

5.7.3 Entrückung Jesu und Erhöhung durch Gott

Der Evangelist Lukas erzählt in Lk 24,50–52 und Apg 1,9–11 von der **„Himmelfahrt Jesu"**. Diese Erzählung greift eine Vorstellung aus dem Alten Testament auf: Ein einzelner Mensch wird direkt von der Erde in den Himmel entrückt und weilt von da an bei Gott. Dies erzählt bereits das Alte Testament vom Urvater Henoch (Gen 5,24) und vom Propheten Elija (2 Kön 2,1–18). Die Vorstellung der Entrückung ist unabhängig von der Auferstehungsvorstellung.

Verwandt damit ist die Vorstellung der **Erhöhung** Jesu durch Gott, wie sie in einem frühchristlichen Hymnus vorkommt: „Er erniedrigte sich und war gehorsam bis zum Tod, bis zum Tod am Kreuz. Darum hat ihn Gott über alle erhöht und ihm den Namen verliehen, der größer ist als alle Namen" (Phil 2,8 f.).

5.7.4 Auferweckung oder Auferstehung Jesu

Die häufigste Kategorie für die Bestätigung Jesu durch Gott ist aber die der Auferweckung oder Auferstehung Jesu: „Gott hat Jesus von den Toten auferweckt" (Röm 10,9) ist eine der ältesten Glaubensformeln des Neuen Testaments. Wenn von **Auferweckung** die Rede ist, wird stärker das Handeln Gottes an Jesus betont; wenn von **Auferstehung** die Rede ist, geht es hauptsächlich um den Übergang Jesu vom Tod zum neuen Leben: „Wenn Jesus – und das ist unser Glaube – gestorben und auferstanden ist, dann wird Gott durch Jesus auch die Verstorbenen zusammen mit ihm zur Herrlichkeit führen" (1 Thess 4,14). Dabei setzt Paulus die grundsätzliche Möglichkeit der Auferstehung bereits voraus: „Wenn es keine Auferstehung der Toten gibt, ist auch Christus nicht auferweckt worden" (1 Kor 15,13). Mit der Auferstehung Jesu als des „Ersten der Entschlafenen" (1 Kor 15,20) beginnt aber die endzeitliche Auferweckung aller Toten. Paulus lebte seinerseits in der **Naherwartung** der Wiederkunft Christi: „Zuerst werden die in Christus Verstorbenen auferstehen; dann werden wir, die Lebenden, die noch übrig sind, zugleich mit ihnen auf den Wolken in die Luft entrückt, dem Herrn entgegen" (1 Thess 4,16 f.). So wird die Hoffnung auf die Auferstehung zur grundlegenden christlichen Hoffnung überhaupt.

5.7.5 Endzeitliche Geistbegabung

Als letztes Ereignis im Zusammenhang der Ostererfahrung ist die **Geistbegabung** zu nennen, die sich mit der Erzählung vom Pfingsttag verbindet: „Alle wurden mit dem Heiligen Geist erfüllt und begannen, in fremden Sprachen zu reden, wie es der Geist ihnen eingab" (Apg 2,4). Offensichtlich gab es in der Urgemeinde ekstatische Geistphänomene, die sich im so genannten **„Zungenreden"** äußerten, von dem Paulus ausführlich in 1 Kor 14 berichtet. Diese Phänomene wurden als das endzeitliche Kommen des Gottesgeistes gedeutet, das der alttestamentliche Prophet Joel verheißen hatte (Joel 3,1–5). In der Apostelgeschichte wird das „Reden in Zungen" zum „Reden in fremden Sprachen" umgedeutet und auf die Verkündigung des Evangeliums an die Juden unterschiedlichster Nation bezogen. Der Geist gibt den Aposteln jetzt den Mut, freimütig von der Auferstehung Jesu zu predigen: „Gott hat ihn zum Herrn und Messias gemacht, diesen Jesus, den ihr gekreuzigt habt" (Apg 2,36).

Zusammenfassung: Die Ostererfahrung der ersten Christen

Der **Kreuzestod Jesu** bedeutete für seine Jünger eine völlige **Enttäuschung** ihrer messianischen Hoffnungen. Dies zeigt sich an der Flucht der Jünger und an der Verleugnung Jesu durch Petrus.

Aufgrund einer Erfahrung nach Jesu Tod muss es bei den Jüngern auf einmal zu einem radikalen **Bewusstseinsumschwung** gekommen sein: Dieser Jesus lebt! Das Neue Testament kleidet diese Erfahrung in die **Erzählungen vom leeren Grab** und von den **Erscheinungen Jesu** vor den Jüngern.

Der Glaube an die **Auferstehung Jesu** gehört schon bald zum grundlegenden christlichen Bekenntnis. Außer der Kategorie der Auferstehung oder Auferweckung begegnen im Neuen Testament aber auch die der **Entrückung** sowie der **Erhöhung Christi**. Inhalt dieser Vorstellungen ist gleichermaßen die Bestätigung des gekreuzigten Jesus durch Gott.

Die Auferstehung Jesu bezeichnet den Beginn der **endzeitlichen Totenauferweckung**. Daher wird der Auferstehungsglaube zum **zentralen christlichen Bekenntnis**.

Die öffentliche **Predigt des Evangeliums** vom gekreuzigten und auferstandenen Christus beginnt nach der Apostelgeschichte mit einer besonderen **Geisterfahrung** der Jerusalemer Urgemeinde.

5.8   Die neutestamentliche Briefliteratur

Die größte Zahl der neutestamentlichen Schriften sind **Briefe:** insgesamt 21 von 27 Schriften. 14 dieser Briefe sind nach ihren Adressaten benannt (z. B. Brief an die Römer oder Brief an Philemon); in der kirchlichen Tradition werden sie als **Paulinische Briefe** bezeichnet, da Paulus als ihr Verfasser galt. Allerdings werden in der neueren Exegese nur sieben dieser Briefe als „echt" angesehen, d. h. sie sind tatsächlich von Paulus geschrieben (Röm, 1 / 2 Kor, Gal, Phil, 1 Thess, Phlm); die anderen sieben stammen von Schülern des Paulus oder unbekannten Verfassern in paulinischer Tradition. Übrig bleiben weitere sieben Briefe, die den Namen ihrer Verfasser im Titel führen: Jakobus, Petrus, Johannes und Judas[43] – alles Mitglieder der Urgemeinde. Sie werden **Katholische Briefe** genannt (*katholisch* im Sinne von „allgemein"), weil sie sich an einen allgemeinen Adressatenkreis, nicht nur an einzelne Personen oder Gemeinden richten.

Antiker Schreiber

Für unser heutiges Verständnis der **Funktion von Briefen** ist es seltsam, dass diese Gattung einen so großen Stellenwert im Neuen Testament einnimmt: Briefe sind Gelegenheitsschreiben; sie dienen zur Übermittlung privater oder geschäftlicher Informationen, die wegen der räumlichen Distanz von Sender und Empfänger nicht direkt mitgeteilt werden können. Die gleiche Funktion können auch andere Medien übernehmen, z. B. das Telefon oder Internet. Niemand käme aber wohl auf die Idee, a) solche gelegentlichen Mitteilungen für so wichtig zu halten, dass man sie über 2000 Jahre aufbewahrt; b) eine Abhandlung wie den Römerbrief (in manchen Bibelausgaben bis zu 30 Seiten Umfang!) als Brief zu schreiben. Wie kommt es dazu?

Für den Charakter der neutestamentlichen Briefe ist es wichtig, dass es sich auch bei ihnen um **Gelegenheitsschreiben aus aktuellem Anlass** handelt: Paulus war z. B. zwischen 50 und 52 n. Chr. in Korinth gewesen und hatte dort eine Christengemeinde gegründet (vgl. Apg 18, 1–18). In dieser Gemeinde kam

---

43 Bei Judas handelt es sich selbstverständlich nicht um Judas Iskariot, der Jesus verraten hatte, sondern um den Bruder des Jakobus, der in Mk 6,3 als Verwandter Jesu genannt wird.

es in der Folgezeit zu schwerwiegenden Problemen, von denen Paulus in Ephesus erfuhr. Um diese Streitigkeiten zu lösen, schrieb er um 55 n. Chr. verschiedene Briefe an die Korinther, die uns heute als 1. und 2. Korintherbrief erhalten sind. Dass es eine umfangreiche Korrespondenz zwischen Paulus und der Gemeinde in Korinth gab, geht aus Bezugnahmen des Paulus auf weitere Briefe hervor: „Nun zu den Anfragen eures Briefes" (1 Kor 7,1); „Und so schrieb ich, statt selber zu kommen, einen Brief" (2 Kor 2,3). Dass es sich auch bei den neutestamentlichen Briefen um Gelegenheitsschreiben handelte, kann man aus einer kleinen Notiz im 2. Brief an Timotheus ersehen: „Wenn du kommst, bring den Mantel mit, den ich in Troas bei Karpus gelassen habe, auch die Bücher, vor allem die Pergamente" (2 Tim 4,13). Aufbewahrt worden sind diese Briefe, weil in ihnen Fragen zum christlichen Gemeindeleben zur Sprache kamen, die über den aktuellen Anlass hinaus von grundsätzlicher Bedeutung waren.

Heutige Briefe können wir wegen ihrer **äußeren Gestaltung** mit Briefkopf, Ort und Datum, Betreff und Anrede sowie abschließendem Gruß und Unterschrift meistens schon auf den ersten Blick als solche erkennen. Auch antike Briefe folgten einem äußeren Schema, das sich an den neutestamentlichen Briefen noch ausmachen lässt. Als Beispiel für die formale Gestaltung sei hier der kleine Brief an Philemon angeführt, den Paulus dem entlaufenen Sklaven Onesimus als Begleitschreiben mitgab, als er ihn zu seinem Herrn zurückschickte.

Präskript (Briefeingang)	Absender	Paulus, Gefangener Christi Jesu, und der Bruder Timotheus
	Adressat	an unseren geliebten Mitarbeiter Philemon, an die Schwester Aphia, an Archippus, unseren Mitstreiter, und an die Gemeinde in deinem Haus:
	Segenswunsch	Gnade sei mit euch und Friede von Gott, unserem Vater, und dem Herrn Jesus Christus.
Proömium (Vorwort)	Danksagung	Ich danke meinem Gott jedes Mal, wenn ich in meinen Gebeten an dich denke. […]
Korpus (Hauptteil)	Anliegen	Ich, Paulus, ein alter Mann, der jetzt für Christus Jesus im Kerker liegt, ich bitte dich für mein Kind Onesimus, dem ich im Gefängnis zum Vater geworden bin. […]

Postskript (Schluss)	Persönliches	Ich schreibe dir im Vertrauen auf deinen Gehorsam und weiß, dass du noch mehr tun wirst, als ich gesagt habe. Bereite zugleich eine Unterkunft für mich vor! [...]
	Grüße	Es grüßen dich Epaphras, der mit mir um Christi Jesu willen im Gefängnis ist, sowie Markus, Aristarch, Demas und Lukas, meine Mitarbeiter.
	Schlusswunsch	Die Gnade Jesu Christi, des Herrn, sei mit eurem Geist!

Wenn man sich diese schematische Gestaltung neutestamentlicher Briefe klarmacht, fällt es sehr viel leichter, ihren Aufbau zu durchschauen. Inhaltlich entfalten die Briefe ein breites Spektrum von **Fragen der christlichen Lebensgestaltung:** Dazu gehört z. B. die wichtige Entscheidung, dass Heiden direkt in die christliche Gemeinde aufgenommen werden können, ohne vorherige Beschneidung und ohne die Pflicht zur Einhaltung der jüdischen Reinheitsvorschriften (vgl. Gal 2 über das sog. **„Apostelkonzil").** Manche Vorschriften (z. B. 1 Kor 14,33–35 zum Schweigen der Frauen im Gottesdienst) sind allerdings auch zeitbedingt und bedürfen durchaus der kritischen Bewertung!

Paulus hat die Brieform außerdem zu grundsätzlichen **theologischen Abhandlungen** benutzt. Das wichtigste Beispiel dafür ist der Römerbrief, in dem Paulus der Gemeinde in Rom das Evangelium von Tod und Auferstehung Jesu Christi darlegt. In ihm entfaltet Paulus die befreiende Lehre von der **Rechtfertigung des Sünders** allein durch Gottes Gnade und den Glauben an die Erlösungstat Jesu Christi. Die Rückbesinnung auf diese paulinische Theologie war für Martin Luther im 16. Jahrhundert die entscheidende theologische Erkenntnis und führte schließlich zur Reformation. Die verschiedenen neutestamentlichen Briefautoren bringen weitere, ganz eigene Akzente für das **christliche Gottesbild** ein: „Gott ist die Liebe, und wer in der Liebe bleibt, bleibt in Gott, und Gott bleibt in ihm!" (1 Joh 4,16).

Zusammenfassung: Die neutestamentliche Briefliteratur

Die überwiegende Zahl der neutestamentlichen Schriften ist in **Briefform** verfasst. Es handelt sich um Schreiben des Paulus und anderer frühchristlicher Autoren, die an Einzelpersonen, einzelne Gemeinden oder einen allgemeinen Adressatenkreis gerichtet waren.

In der **formalen Gestaltung** folgen die neutestamentlichen Briefe dem Muster antiker Briefe: Präskript mit Absender, Adressat und Segenswunsch; Proömium mit Danksagung; Korpus mit Entfaltung des Anliegens; Postskript mit Grüßen und Schlusswunsch.

Inhaltlich greifen die Briefe konkrete Probleme des Gemeindelebens auf und versuchen, Streitfragen zu klären. Es sind **Gelegenheitsschreiben,** die aber grundsätzliche theologische Fragen ansprechen. Daher sind diese Briefe auch aufbewahrt und in den Kanon des Neuen Testaments aufgenommen worden.

Die neutestamentlichen Briefe enthalten grundlegende theologische Konzeptionen, die für die spätere Entfaltung der christlichen Theologie entscheidende Bedeutung hatten. Dazu gehören die **Rechtfertigungslehre** des Paulus und die johanneische **Theologie der Liebe.**

5.9   Die Offenbarung des Johannes

Das letzte Buch der Bibel nimmt eine Sonderstellung ein: Der literarischen Gattung nach gehört es zur **apokalyptischen Literatur.** Apokalypsen (griech. *apokálypsis:* Enthüllung) sind Schriften, die Aussagen über die Ereignisse der Endzeit machen. Solche Schriften gab es schon in alttestamentlicher Zeit; zu ihnen gehört z. B. das Buch Daniel (aus der Zeit um 165 v. Chr.). Die Verfasser von Apokalypsen berufen sich auf spezielle Gottesoffenbarungen in **Visionen und Auditionen** (Schauen und Hören göttlicher Botschaften). Apokalypsen entstehen vor allem in Zeiten großer religiöser Bedrängnis: So das Buch Daniel in der Zeit der Judenverfolgung durch den Syrerkönig Antiochus IV. Epiphanes (175–164 v. Chr.) und die Offenbarung des Johannes in der Zeit der Christenverfolgung des römischen Kaisers Domitian (81–96 n. Chr.).

Apokalypsen gehen davon aus, dass die Weltgeschichte nach einem **göttlichen Plan** verläuft. Daher lassen sich verschiedene „Weltzeitalter" oder „Weltreiche" unterscheiden, z. B. in Dan 2 das goldene, silberne, bronzene und eiserne Reich. Die gegenwärtige Zeit ist eine Zeit der Not; die Bedrängnis wird sich noch katastrophal zuspitzen, bis endlich Gott eingreift und „der neue Äon", die neue Zeit anbricht.

Jesus selbst hat sich kritisch über apokalyptische Berechnungen für das Kommen des Reiches Gottes geäußert: „Das Reich Gottes kommt nicht so, dass man es an äußeren Zeichen [z. B. durch Beobachtung der Gestirne] erkennen könnte. Man kann auch nicht sagen: Seht, hier ist es!, oder: Dort ist es! Denn: Das Reich Gottes ist (schon) mitten unter euch!" (Lk 17,20 f.). Allerdings kommt es schon im Markusevangelium zu einer Wiederbelebung der Apokalyptik: In der Jesusrede über die Endzeit Mk 13 gilt z. B. die **Zerstörung des Jerusalemer Tempels** im Jahr 70 n. Chr. als Hinweis auf das nahe Kommen des Menschensohns. Jedoch bleiben die neutestamentlichen Schriften sehr zurückhaltend bei genaueren Zeitangaben: „Doch jenen Tag und jene Stunde kennt niemand, auch nicht die Engel im Himmel, nicht einmal der Sohn, sondern nur der Vater" (Mk 13,32). Daher fordern die Evangelien zu ständiger Bereitschaft für die Wiederkunft Christi auf.

Der Verfasser der Offenbarung des Johannes stellt sich selbst namentlich als „Knecht Johannes" vor, der die „Offenbarung Jesu Christi" über die künftigen Ereignisse in einer Vision empfangen hat (Offb 1,1 f.). **Mythische Bilder, symbolische Zahlen und verschlüsselte Anspielungen** sind typisch für dieses apokalyptische Buch. Dabei werden Motive aus dem Alten Testament (besonders aus den Prophetenbüchern) und aus der apokalyptischen Literatur auf den himmlischen Christus bezogen:

Offb 4:   Gott erscheint in seinem **himmlischen Hofstaat,** umgeben von 24 Ältesten, sieben Geistwesen und vier Lebewesen (Löwe, Stier, Mensch und Adler: später die Symbole der vier Evangelisten Mk, Lk, Mt, Joh).

Offb 5:   Gott hält in der Hand eine **Buchrolle mit sieben Siegeln.** Christus erscheint als **Lamm, das geschlachtet wurde.** Nur er ist würdig, die Buchrolle zu öffnen.

Offb 6:   Die ersten sechs Siegel werden geöffnet; es erscheinen die **vier apokalyptischen Reiter,** die die Plagen von Krieg, Hungersnot und Massensterben mit sich bringen. Bei der Öffnung des fünften Siegels erscheinen die Seelen der Märtyrer; bei der Öffnung des sechsten Siegels verwandeln sich Sonne und Mond und die Gestirne fallen auf die Erde.

Offb 7:   Die **144 000 Knechte Gottes** (12 mal 12 mal 1 000 als Gesamtheit aus den Stämmen Israels) werden vor dem Ende mit dem Siegel bezeichnet.

Offb 8:   Die **Öffnung des siebten Siegels** leitet das Auftreten von sieben Engeln mit **sieben Posaunen** ein. Das Blasen der ersten sechs Posaunen führt zu weiteren Naturkatastrophen und tödlichen Plagen für die Menschen.

Offb 11: Mit der siebten Posaune beginnt die **Weltherrschaft Gottes und seines Gesalbten (Christi).**

Offb 12: Eine **schwangere Frau,** bekleidet mit den Gestirnen, erscheint am Himmel; sie wird von einem Drachen verfolgt. Der **Drache** – identifiziert mit dem Satan – wird vom Erzengel Michael auf die Erde gestürzt, wo er die Frau weiter verfolgt.

Offb 13: Aus dem Meer steigt ein **Tier mit sieben Köpfen** auf; die Köpfe symbolisieren römische Kaiser (speziell die Christenverfolger Nero und Domitian).

Offb 16: **Sieben Engel mit sieben Schalen des Zorns** gießen noch schlimmere Plagen über die Erde aus.

Offb 17: Die **Hure Babylon** – als Symbol der gottfeindlichen Weltmacht Rom – ist dem Untergang geweiht.

Die vier apokalypti-
schen Reiter (Offb 6);
Holzschnitt von
Albrecht Dürer,
um 1498.

Offb 20: Der Satan wird gefesselt; die **tausendjährige Herrschaft Christi
und seiner Märtyrer** beginnt. Nach dieser Zeit wird der Satan endgültig besiegt und die Toten werden nach ihren Werken gerichtet.

Offb 21: Der neue Himmel und die neue Erde werden im Bild der **heiligen
Stadt Jerusalem** und als **Braut des Lammes** beschrieben.

Die Offenbarung des Johannes übt auf viele Menschen noch heute eine **große
Faszination** aus: Sie glauben, aus ihr den Geschichtsverlauf vorhersagen oder
das Weltende berechnen zu können.[44] Dagegen lassen sich schon die geschil-

---

[44] Wie man sich irren kann, wenn man die Apokalypse wörtlich nimmt, hat der Schriftsteller Umberto
Eco in seinem mittelalterlichen Kriminalroman „Der Name der Rose" auf intelligente Weise illustriert.

derten Ereignisse der Offenbarung **nicht in eine zeitliche Abfolge** bringen: So überschneiden sich z. B. die Strafvisionen der sieben Siegel, der sieben Posaunen und der sieben Zornesschalen. Auch die Ankündigung eines **Tausendjährigen Reiches** hat im Laufe der Kirchengeschichte immer wieder zu gewaltsamen Fehlinterpretationen geführt. Viele **Bilder** der Offenbarung sind uns heute fremd; sie lassen sich nicht einfach in unsere Sprache übersetzen. Getragen aber ist das Buch von der Überzeugung, dass sich am Ende gegen alle Widerstände **Christus durchsetzen wird.** Und die von Gott kommende **neue Stadt Jerusalem** wird unvergleichlich schön sein. So endet die Offenbarung mit dem urchristlichen Gebetsruf: „Amen. Komm, Herr Jesus!"

Zusammenfassung: Die Offenbarung des Johannes

Die Offenbarung des Johannes gehört zur **apokalyptischen Literatur.** Ihr Verfasser schildert die **Ereignisse der Endzeit,** wie er sie in einer göttlichen Vision gesehen hat.

Die Offenbarung macht ihre Aussagen in Form von **Bildern und Symbolen.** So steht z. B. das Lamm für Christus, der Drache für den Satan, das siebenköpfige gehörnte Tier für die Weltmacht Rom. Viele dieser Bilder lassen sich aber nicht in unsere Sprache auflösen.

Aus der Offenbarung lassen sich **keine Einzelinformationen über das Weltende** gewinnen. Getragen ist das Buch von der Überzeugung, dass sich am Ende **Christus durchsetzen wird.**

Die kommende Welt Gottes wird im **Bild der neuen Stadt Jerusalem** beschrieben.

Die bleibende Aktualität der Bibel

Zu Beginn war die Bibel für uns ein **unbekanntes Buch.** Nach diesem Durchgang ist sie uns ein wenig vertrauter geworden. Ein **umstrittenes Buch** darf sie durchaus bleiben: Nichts schadet der Botschaft der Bibel mehr, als wenn sie zum Zitatenschatz für Festtagsredner verkommt! Die verschiedenen **methodischen Zugänge** (historisch, sozialkritisch, tiefenpsychologisch, feministisch) haben gezeigt, dass es unterschiedliche Erkenntnisinteressen bei der Bibellektüre geben kann; kein Netz fängt alle Fische … Wird die Bibel als **Literaturwerk** gelesen – genauer: eine „Bibliothek" aus 73 einzelnen Schriften –, werden ihr am ehesten die Methoden der **historisch-kritischen Exegese** gerecht. Dabei kommt auch der geschichtliche Charakter der Bibel besonders zur Geltung: Ein Buch, das im Laufe von über 1000 Jahren entstanden ist und daher äußerst **vielschichtig** ist. Zentral ist aber die Botschaft vom **Gott der Befreiung,** der sein Volk durch die Geschichte begleitet. Dieser Gott zeigt sich den Menschen in **Jesus von Nazaret;** sein Kreuzestod und seine Auferstehung begründen die **Hoffnung der Christen.**

Die Erinnerung an dieses befreiende Handeln Gottes macht uns heute immer noch Mut – wie es der Schweizer Schriftsteller Kurt Marti in der letzten Strophe seines Gedichtes „jesus" ausdrückt:

> und also erzählen wir weiter von ihm
> die geschichten seiner rebellischen liebe
> die uns auferwecken vom täglichen tod –
> und vor uns bleibt: was möglich wär' noch

Literaturhinweise

1 Kommentierte Bibelausgaben

Einen unmittelbaren Zugang zu den biblischen Texten erleichtern „Erklärungs-bibeln", in denen Einführungen zu den biblischen Büchern gegeben werden, Kommentare in den Textzusammenhang eingefügt sind und zahlreiche theologische und historische Begriffe erklärt werden. In jüngerer Zeit sind erschienen:

Stuttgarter Altes Testament. Einheitsübersetzung mit Kommentar und Lexikon, hrsg. von Erich Zenger, Katholische Bibelanstalt: Stuttgart ³2005.

Stuttgarter Neues Testament. Einheitsübersetzung mit Kommentar und Erklärungen, Katholische Bibelanstalt: Stuttgart ²2004.

2 Einführungen in das Alte und Neue Testament

Zusammenfassende Überblicksdarstellungen zu den beiden Teilen der christlichen Bibel erleichtern den ersten Zugang:

Christoph Levin: Das Alte Testament, 2., durchges. Aufl., Verlag C. H. Beck: München 2003.

Gerd Theißen: Das Neue Testament, Verlag C. H. Beck: München 2002.

Ausführlicher widmen sich sogenannte „Einleitungen" in das Alte bzw. Neue Testament den einzelnen Büchern des AT und NT. Die „Einleitungswissenschaft" als Teilgebiet der biblischen Exegese beschäftigt sich vorrangig mit historischen und methodischen Fragen der Bibelauslegung. Die genannten Werke sind für Studenten geschrieben; für die Schule eignen sie sich insbesondere zur Klärung spezieller Einzelfragen (z. B. Datierung einer biblischen Schrift):

Erich Zenger u. a.: Einleitung in das Alte Testament, 6., durchges. Aufl., Kohlhammer Verlag: Stuttgart 2006.

Martin Ebner/Stefan Schreiber (Hrsg.): Einleitung in das Neue Testament, Kohlhammer Verlag: Stuttgart 2008.

3 Bibelhermeneutik

Grundlegende hermeneutische Fragen zum Bibelverständnis greifen die Klassiker aus der Reihe „10 Sachbücher zur Bibel" des Verlags Katholisches Bibelwerk auf:

Gerhard Lohfink: Jetzt verstehe ich die Bibel. Sachbuch zur Formkritik, Stuttgart 1973/1992.

Alfons Weiser: Was die Bibel Wunder nennt. Sachbuch zu den Berichten der Evangelien, Stuttgart 1975/1992.

Zum Verhältnis von Altem und Neuem Testament äußert sich besonders engagiert der katholische Alttestamentler Erich Zenger:

Erich Zenger: Das Erste Testament. Die jüdische Bibel und die Christen, Patmos Verlag: Düsseldorf 1991.

Eine knappe Einführung in die geisteswissenschaftliche Hermeneutik und die Idee der „Entmythologisierung" des Neuen Testaments:

Dittmar Werner: Abitur-Wissen Religion – Glaube und Naturwissenschaft, Stark Verlag: Freising 1999, S. 90–96.

4 Welt und Umwelt der Bibel

Einen schnellen Zugang zu zahlreichen Begriffen aus der Welt der Bibel kann man sich mithilfe des folgenden illustrierten Bibellexikons verschaffen, das gleichzeitig sachliche Zusammenhänge durch die Aufteilung der Stichworte auf 12 thematische Kapitel verdeutlicht:

Christoph Dohmen (Hrsg.): Das große Sachbuch zur Welt und Umwelt der Bibel, überarb. Neuauflage, Verlag Katholisches Bibelwerk: Stuttgart 2005.

Zur Veranschaulichung gut geeignet ist auch die reich illustrierte Neubearbeitung des Bestsellers „Und die Bibel hat doch recht". Gegenüber der historisierenden Tendenz des Buchs bleibt aber Skepsis angebracht.

Werner Keller: Und die Bibel hat doch recht. Forscher beweisen die Wahrheit des Alten Testaments, Econ Verlag: Düsseldorf 1989.

Jeweils einem eigenen Thema (z. B. Schöpfung, Qumran, Jesus der Galiläer, Maria von Magdala) widmen sich die fundierten und ansprechend aufgemachten Hefte der Vierteljahreszeitschrift „Welt und Umwelt der Bibel". Zu Fragen der Bibelentstehung sei exemplarisch genannt:

Wer hat die Bibel geschrieben? (WUB Nr. 28–2/2003).

Aufschlussreich für den Entstehungskontext der Religion Israels sind Vergleichstexte aus dem altorientalischen Kulturkreis:

Walter Beyerlin (Hrsg.): Religionsgeschichtliches Textbuch zum Alten Testament, 2., durchges. Aufl., Vandenhoeck & Ruprecht: Göttingen 1985.

5   Jesus von Nazaret

Als exegetische Einführungsbücher zu Person und Wirken Jesu eignen sich u. a.:

Klaus Berger: Wer war Jesus wirklich? Gütersloher Verlagshaus: Gütersloh 1999.

Jürgen Roloff: Jesus, Verlag C. H. Beck: München ³2004.

Einen ausgezeichneten Überblick für Schüler gibt Julia Rüttgers:

Julia Rüttgers: Abitur-Wissen Religion – Jesus Christus, Stark Verlag: Freising 2000.

Bibelstellenverzeichnis

Stichwortverzeichnis

Seitenzahlen, auf denen sich Worterklärungen finden, sind fett gedruckt.

Textnachweis

S. 3 Arno Schmidt: Atheist?: Allerdings!, in: Kleiner Atheismus-Katechismus, hrsg. von G. Haffmans, Haffmans Verlag: Zürich 1993, S. 115–119.

S. 4 Ernst Bloch: Das Prinzip Hoffnung, Suhrkamp Verlag: Frankfurt a. M. 1973, S. 1482, 1488 f.

S. 22 Ernesto Cardenal: Das Evangelium der Bauern von Solentiname. Gespräche über das Leben Jesu in Lateinamerika. Gesamtausgabe, Peter Hammer Verlag: Wuppertal 1980, S. 118, 122 f.

S. 22 Georges Casalis: Voraussetzungen und Elemente einer europäischen Befreiungstheologie, in: Bibel und Befreiung. Beiträge zu einer nichtidealistischen Bibellektüre, hrsg. von den Tübinger Theologischen Fachschaftsinitiativen, Edition Exodus: Freiburg (Schweiz) / Edition Liberación: Münster 1985, S. 136 f.

S. 24 f. Eugen Drewermann, Tiefenpsychologie und Exegese, Bd. II, Walter-Verlag: Olten / Freiburg i. Br. 1985, S. 21, 185.

S. 42 Text nach: Religionsgeschichtliches Textbuch zum Alten Testament, 2., durchges. Auflage, Vandenhoeck & Ruprecht: Göttingen 1985, S. 119–122.

S. 46 f. Synopse nach: Carl Heinz Peisker: Zürcher Evangelien-Synopse, Oncken: Wuppertal [21]1983, S. 17.

S. 55 Erich Zenger: Der Gott der Bibel. Sachbuch zu den Anfängen des alttestamentlichen Gottesglaubens, Stuttgart 1992, S. 85–87, 93, 97 f., 100; © Verlag Katholisches Bibelwerk, Stuttgart 1979.

S. 65 Zeittafel nach: Erich Zenger u. a.: Einleitung in das Alte Testament, 6., durchges. Auflage, Kohlhammer Verlag: Stuttgart 2006, S. 588.

Bildnachweis

Sicher durch das Abitur!

Effektive Abitur-Vorbereitung für Schülerinnen und Schüler:
Klare Fakten, systematische Methoden, prägnante Beispiele sowie Übungs-
aufgaben auf Abiturniveau <u>mit erklärenden Lösungen zur Selbstkontrolle</u>.

(Bitte blättern Sie um)